Direito Internacional Privado

O GEN | Grupo Editorial Nacional – maior plataforma editorial brasileira no segmento científico, técnico e profissional – publica conteúdos nas áreas de concursos, ciências jurídicas, humanas, exatas, da saúde e sociais aplicadas, além de prover serviços direcionados à educação continuada.

As editoras que integram o GEN, das mais respeitadas no mercado editorial, construíram catálogos inigualáveis, com obras decisivas para a formação acadêmica e o aperfeiçoamento de várias gerações de profissionais e estudantes, tendo se tornado sinônimo de qualidade e seriedade.

A missão do GEN e dos núcleos de conteúdo que o compõem é prover a melhor informação científica e distribuí-la de maneira flexível e conveniente, a preços justos, gerando benefícios e servindo a autores, docentes, livreiros, funcionários, colaboradores e acionistas.

Nosso comportamento ético incondicional e nossa responsabilidade social e ambiental são reforçados pela natureza educacional de nossa atividade e dão sustentabilidade ao crescimento contínuo e à rentabilidade do grupo.

Sumário

Introdução 1

Capítulo 1

Noções básicas de direito internacional privado 3

1.1 Disciplinas de direito internacional 3

   1.1.1 Direito internacional privado 3

   1.1.2 Direito internacional público 5

1.2 Conflito de leis no espaço 7

   1.2.1 Elementos do conflito de leis no espaço 8

      1.2.1.1 Diversidade legislativa 8

      1.2.1.2 Existência de uma sociedade transnacional 8

   1.2.2 Espécies de conflito de leis no espaço 8

      1.2.2.1 Conflito de leis no espaço, positivo 8

      1.2.2.2 Conflito de leis no espaço, negativo 9

1.3 Objeto do direito internacional privado 9

1.4 Evolução histórica do direito internacional privado 10

1.5 Relação com o direito internacional público 15

1.6 Distinção com o direito uniforme, o direito comparado e a
lex mercatoria 15

   1.6.1 Direito uniforme 16

   1.6.2 Direito comparado 17

   1.6.3 *Lex mercatoria* 18

1.7 Direito internacional privado brasileiro 18

Capítulo 2

Elementos de conexão 21

2.1 Noções gerais e conceito 21

2.2 Espécies de elementos de conexão 22

viii Direito Internacional Privado

2.2.1 *Lex damni* 23
2.2.2 *Lex domicilii* 23
2.2.3 *Lex fori* 24
2.2.4 *Lex loci actus* 24
2.2.5 *Lex loci celebrationis* 24
2.2.6 *Lex loci contractus* 25
2.2.7 *Lex loci delicti* 25
2.2.8 *Lex loci executionis* 25
2.2.9 *Lex loci solutionis* 25
2.2.10 *Lex monetae* 26
2.2.11 *Lex patriae* 26
2.2.12 *Lex rei sitae* 26
2.2.13 *Lex voluntatis* 27
2.2.14 *Locus regit actum* 27
2.2.15 *Mobilia sequuntur personam* 27
2.3 Adequação dos elementos de conexão ao direito estatal 27

Capítulo 3

Fontes internacionais e brasileiras de direito internacional privado 29

3.1 Fontes de direito internacional privado 29
3.1.1 Lei 30
3.1.1.1 O Código Bustamante como lei no Brasil 32
3.1.2 Tratados e convenções internacionais 35
3.1.3 Costume jurídico interno 37
3.1.3.1 Elementos fundamentais do costume jurídico interno 38
3.1.3.2 Espécies de costume jurídico interno 39
3.1.4 Jurisprudência 40
3.1.5 Doutrina 41
3.2 Conflito entre fontes 42
3.2.1 Lei interna e tratado internacional 43
3.2.1.1 Dualismo 43
3.2.1.2 Monismo 45
3.2.2 Posicionamento dos tratados internacionais no ordenamento jurídico brasileiro 47

Capítulo 4

Noções gerais do direito internacional privado brasileiro 51

4.1 Ordem pública 51

    4.1.1 Conceito 51

    4.1.2 Características............................... 52

4.2 Fraude à lei 52

4.3 Reenvio............................... 53

4.4 Qualificação............................... 54

4.5 Questão prévia 54

Capítulo 5

Preceitos do direito internacional privado brasileiro..... 57

5.1 Aplicação de direito estrangeiro............................... 57

5.2 Reconhecimento da competência internacional em matéria de jurisdição............................... 60

5.3 Homologação de sentença estrangeira............................... 61

5.4 Cooperação judiciária internacional 62

5.5 Regime de provas nos processos com conexão internacional.. 63

Capítulo 6

Nacionalidade: noções gerais e regras do direito brasileiro ... 65

6.1 Nacionalidade dos seres humanos............................... 65

    6.1.1 A nacionalidade dos seres humanos e a existência de um Estado 65

        6.1.1.1 Elementos objetivos............................... 65

        6.1.1.2 Elemento subjetivo............................... 66

    6.1.2 Conceito de nacionalidade dos seres humanos 66

    6.1.3 Critérios de atribuição de nacionalidade dos seres humanos............................... 68

        6.1.3.1 *Ius soli* 69

        6.1.3.2 *Ius sanguinis*............................... 69

        6.1.3.3 *Ius domicilii*............................... 69

        6.1.3.4 *Ius laboris* 70

        6.1.3.5 *Ius communicatio* 70

6.2 Condição jurídica do estrangeiro............................... 71

x Direito Internacional Privado

6.2.1 Condição jurídica do estrangeiro no Brasil 72
6.3 Refugiados 73
6.3.1 Asilo político 74
6.4 Saída compulsória de estrangeiros 75
6.4.1 Por iniciativa alienígena 75
6.4.1.1 Extradição 75
6.4.2 Por iniciativa do próprio Estado 79
6.4.2.1 Expulsão 79
6.4.2.2 Deportação 80
6.5 Nacionalidade das coisas 81
6.6 Decorrências constitucionais da nacionalidade dos seres
humanos e das pessoas jurídicas 82

Capítulo 7

Direito do comércio internacional 85

7.1 Contratos internacionais 85
7.1.1 Conceito e características 85
7.1.2 Princípios contratuais internacionais 87
7.1.3 Elementos contratuais internacionais 88
7.1.4 Particularidades nos contratos internacionais 89
7.1.5 Componentes de formação do contrato internacional 91
7.2 Arbitragem comercial internacional 93
7.2.1 Conceito 93
7.2.2 Diferença em relação à mediação e à conciliação 94
7.2.3 A sentença arbitral e a necessidade de homologação
pelo Superior Tribunal de Justiça 94

Capítulo 8

Introdução ao direito constitucional internacional 99

8.1 Tratamento dos temas de direito internacional no direito
constitucional brasileiro 99
8.2 Soberania 99
8.3 Princípios de relações exteriores 100

Capítulo 9

Direito internacional e globalização.................................. 105

9.1 Conceito.. 105
9.2 Características... 106
9.3 Controvérsias na sua configuração para o campo do direito....109
9.4 Tendências contemporâneas do direito internacional privado e do direito internacional público.................................... 113
    9.4.1 Direito internacional privado............................. 113
    9.4.2 Direito internacional público.............................. 114

Referências.. 117

Introdução

O presente trabalho, desenvolvido em nove capítulos, tem por objetivo específico trazer algumas noções de direito internacional privado.

Também pretende, em linhas gerais, analisar, sistematizar e valorar alguns dos principais institutos da disciplina.

No primeiro capítulo, algumas noções básicas de direito internacional privado são apresentadas, estabelecendo uma diferenciação com o direito internacional público. Inicialmente, apresentam-se também o conflito de leis no espaço, o objeto e a evolução histórica da disciplina. Não se descura o autor ao estabelecer a distinção entre direito internacional privado, direito uniforme, direito comparado e *lex mercatoria*.

Em seguida, exploram-se os elementos de conexão, sua estrutura e importância para as relações exteriores.

Nesse cenário, o terceiro capítulo dedica-se à apreciação das fontes do direito internacional privado, com uma análise perfunctória do eventual conflito entre elas.

No capítulo subsequente são trazidas as noções gerais do direito internacional privado brasileiro, com a delimitação da ordem pública, da fraude à lei, do reenvio, da qualificação e da questão prévia.

O quinto capítulo faz referência aos preceitos do direito internacional privado brasileiro, adentrando-se na discussão acerca da aplicação de lei estrangeira no Brasil, o reconhecimento da competência internacional em matéria de jurisdição, a homologação da sentença estrangeira e a cooperação judiciária internacional, bem como o regime de provas alienígenas em nosso ordenamento.

O sexto capítulo apresenta as noções gerais e as regras de nacionalidade do direito brasileiro, cuidando dos seus conceitos, da condição jurídica do estrangeiro e das hipóteses de sua saída compulsória, dos refugiados, do asilo político e das decorrências constitucionais.

O sétimo capítulo cuida do direito do comércio internacional, mediante a análise dos contratos que possuem elementos de estraneidade, bem como da arbitragem nas relações exteriores.

Por ser de fundamental relevância para a disciplina, o capítulo seguinte se volta para o estudo do direito constitucional internacional, com especial destaque para a distribuição de competências entre as esferas da Federação e os poderes e organismos do Estado em matéria de direito internacional público e direito internacional privado.

O nono e último capítulo é dedicado à globalização. Em um primeiro instante, tecem-se algumas considerações sobre o seu conceito, para, logo em seguida, ater-se às suas características e controvérsias na sua configuração para o campo do direito. Por fim, demonstram-se as tendências contemporâneas do direito internacional privado e também do direito internacional público.

1

Noções básicas de direito internacional privado

1.1 Disciplinas de direito internacional

1.1.1 Direito internacional privado

O direito internacional privado é um sobredireito, pois indica o direito aplicável e não soluciona um litígio.

Cuida-se de um ramo do direito que possui normas conflituais, indiretas, que não proporcionam uma solução, mas trazem o direito incidente sobre determinado fato jurídico.

> O homem com frequência estabelece relações que ultrapassam as fronteiras, podendo sugir o conflito de leis no "espaço", caracterizado pela concorrência de leis pertencentes a diferentes Estados soberanos. O direito internacional privado tem por objetivo solucionar tais conflitos no plano internacional, indicando a lei a ser aplicada (BETIOLI, 2004).

É o chamado *conflict of laws*, denominação advinda do direito anglo-saxão. Para o início da análise, é importante ressaltar que há autores, como Amilcar de Castro (2005), que afastam a designação supramencionada por considerar impossível a existência de "conflito propriamente dito entre ordens jurídicas autocráticas".

É a especialidade do direito que regula e promove o estudo de um conjunto de regras que determinam qual o direito material aplicável às relações jurídicas particulares, sejam elas entre pessoas físicas (exemplo: divórcio) e/ou jurídicas (exemplo: comércio) de direito privado, ou ainda estabelecer qual a jurisdição competente, em todos os casos, para dirimir qualquer conflito que tenha conexão internacional.

É o ramo que busca a solução para conflitos de leis no espaço e disciplina fatos em conexão com leis aparentemente opostas e independentes.

O direito internacional privado é, na realidade, um direito interno que cuida de casos e soluções no âmbito internacional tendo por base a legislação nacional em que há elementos de estraneidade, pois coordena relações de direito civil e criminal no território de um Estado estrangeiro.

Jacob Dolinger (2005) chega mesmo a afirmar que direito internacional privado nem sequer é direito internacional, "uma vez que a autoria de suas regras é interna e não internacional".

É fundamental evidenciar que o direito internacional privado nunca disciplina as relações supranacionais, porque tão somente estabelece quais disposições serão empregadas na hipótese de existir um eventual conflito de leis no espaço.

"As regras do direito internacional privado permitem delimitar o âmbito de incidência de cada ordenamento jurídico, por meio da indicação do direito nacional que será aplicado no caso concreto" (DIMOULIS, 2003).

As pessoas podem estabelecer relações supranacionais. Desse modo, se eventualmente houver um confronto entre normas que pertencem a dois ou mais ordenamentos jurídicos, incumbirá a esse ramo do direito regular as relações daí advindas.

Trata-se de "um ramo do direito público interno, tendo natureza similar ao direito processual, por não conferir direitos nem impor deveres, nem resolver conflitos, servindo tão somente de instrumento para que se aplique a norma substantiva" (DINIZ, 2005).

Cuida-se, enfim, de direito público, não obstante trate de relações entre particulares.

Direito internacional privado, apesar do *nomen iuris*, não é direito privado, não obstante seu objeto principal, o conflito de leis no espaço, tenha como finalidade trazer soluções para problemas que envolvam interesses de natureza privada.

Está-se diante de regras de direito público, destinadas ao magistrado e ao hermeneuta, permitindo-lhes resolver os conflitos de leis. Guardam similitude, portanto, com as normas de direito processual, que são públicas.

"Embora o objeto do direito internacional público seja de ordem internacional, as suas fontes têm origem sobretudo no direito interno" (MELO, 2001).

1.1.2 Direito internacional público

É o chamado "direito das gentes", denominação que advém da designação do direito francês *droit des gens*, ou também conhecido no direito anglo-saxão como *law of nations*.

É a especialidade do direito que estabelece regras e promove o estudo de normas – consuetudinárias e convencionais – que administram vínculos de direitos e deveres coletivos, mediante tratados, convenções, acordos entre as nações e cuida das relações existentes entre Estados soberanos, Organizações Internacionais Intergovernamentais, pessoas e os demais entes de direito internacional.

As normas, no direito internacional, podem surgir por meio do costume e até ter eficácia *erga omnes*, se reconhecidas.

No entanto, é cediço que as regras na dimensão internacional são concebidas, como princípio, por intermédio de tratados (que também são conhecidos como convenções, acordos, ajustes, arranjos, memorandos, declarações etc.).

É um ramo que disciplina relações de coordenação e não de subordinação, pois os Estados são igualmente soberanos.

O direito internacional público trata das relações entre Estados soberanos, Organizações Internacionais Intergovernamentais (por exemplo: Organização das Nações Unidas, Fundo Monetário Internacional, dentre outras), pessoas e os demais entes (por exemplo: Organizações Não Governamentais, como o Greenpeace) no âmbito internacional.

É inegável que os Estados soberanos, as Organizações Internacionais Intergovernamentais, as pessoas e os demais entes são sujeitos de direito internacional público, podendo atuar nas relações jurídicas tanto no polo ativo quanto no polo passivo.

No entanto, nem todos possuem personalidade jurídica de direito internacional público, que é reservada aos Estados soberanos e às Organizações Internacionais Intergovernamentais.

Os Estados soberanos possuem personalidade jurídica primária ou originária, e as Organizações Internacionais

Intergovernamentais, personalidade jurídica secundária ou derivada.

É de se ressaltar que as empresas públicas, não obstante suas características peculiares, não possuem personalidade jurídica de direito internacional público.

O homem, no campo internacional, exerce atividades dentro e fora das regras estabelecidas, reconhecidas e consentidas, além de imprimir ânimo às práticas internacionais com personalidade própria e não representando um Estado ou uma Organização.

Existem "normas internacionais que têm por objeto a conduta do ser humano diretamente e que tornam os cidadãos de um Estado verdadeiros sujeitos de Direito Internacional, inclusive lhes concedendo o acesso direto aos tribunais internacionais" (FERRAZ JÚNIOR, 2003).

1.2 Conflito de leis no espaço

O conflito de leis no espaço relaciona-se com a efetiva probabilidade de existir o atingimento tautócrono de dois ou mais ordenamentos jurídicos independentes sobre um dado acontecimento para solucionar uma questão de direito.

Todavia, a doutrina destaca que a incidência simultânea não ocorre na realidade, pois, com o emprego das adequadas regras de direito internacional privado, restará somente um ordenamento jurídico que definitivamente regerá a relação jurídica.

> Em princípio, quando há divergência entre leis de diferentes países, criando, portanto, conflitos legislativos interespaciais, o direito internacional privado intervém, não sendo de todo viável a tese de que esse direito visa exclusivamente a uniformidade legislativa, porque, neste caso, estaria falseando sua própria finalidade (STRENGER, 2005).

1.2.1 Elementos do conflito de leis no espaço

O conflito de leis no espaço deriva de dois importantes elementos que serão examinados a seguir.

1.2.1.1 *Diversidade legislativa*

Cada ordenamento jurídico, isoladamente considerado, com sua autonomia e soberania, confere um tratamento diverso e peculiar a determinados aspectos de natureza social.

1.2.1.2 *Existência de uma sociedade transnacional*

Consiste na existência de relações entre indivíduos que estão conexos a ordenamentos jurídicos discordantes.

1.2.2 Espécies de conflito de leis no espaço

O polêmico conflito de leis no espaço pode ser considerado positivo ou negativo.

1.2.2.1 *Conflito de leis no espaço, positivo*

Será positivo quando houver dois ou mais ordenamentos jurídicos atribuindo o emprego de seu próprio direito, ou seja, as normas de direito internacional privado de dois ou mais Estados conferem competência ao seu respectivo direito material para regular determinado vínculo jurídico.

Nessa hipótese, cada uma das legislações internas atribui ao seu ordenamento a direção de uma relação jurídica.

Noções básicas de direito internacional privado 9

1.2.2.2 Conflito de leis no espaço, negativo

Será negativo quando as regras de direito internacional privado de cada um dos ordenamentos estabelecerem a competência para o regimento da situação jurídica a outro sistema.

É o denominado *reenvio*[1], que é proibido, expressa e categoricamente, pelo art. 16 da Lei de Introdução às Normas do Direito Brasileiro[2].

1.3 Objeto do direito internacional privado

Conhecer o objeto do direito internacional privado significa desvendar o assunto sobre o qual versa essa ciência. A disciplina abrange cinco matérias diferentes:

a) **Condição jurídica do estrangeiro**: busca conhecer os direitos do estrangeiro de entrar e permanecer no país, bem como de domiciliar-se ou residir no território nacional, sem prejuízo de suas prerrogativas no âmbito econômico, político e também social.

b) **Conflito de jurisdições**: analisa a competência do Poder Judiciário na solução de situações que envolvem pessoas, coisas ou interesses que extravasam o limite de uma soberania, observando o reconhecimento e a execução de sentenças proferidas no estrangeiro.

c) **Conflito das leis**: investiga as relações humanas ligadas a dois ou mais sistemas jurídicos cujas regras materiais não são concordantes, assim como o direito aplicável a uma ou diversas relações jurídicas de direito privado com conexão

---

[1] Ver item 4.3, *infra*.
[2] Art. 16, LINDB: "Quando, nos termos dos artigos precedentes, se houver de aplicar a lei estrangeira, ter-se-á em vista a disposição desta, sem considerar-se qualquer remissão por ela feita a outra lei".

internacional. Não há a apresentação de uma solução para a questão jurídica que caracteriza o caso concreto, mas a indicação de qual direito, dentre aqueles que tenham ligação com o litígio *sub judice*, deverá ser aplicado pelo magistrado. O direito internacional privado é um direito interno conforme sua origem, possuindo cada Estado suas próprias normas sobre o assunto.

d) **Direitos adquiridos na dimensão internacional**: levam em consideração a mobilidade das relações jurídicas, quando surgem em uma jurisdição, refletindo seus efeitos em outra, sujeita à legislação diferente.

e) **Nacionalidade**: esquadrinha detalhadamente a caracterização do nacional de cada Estado, as formas originárias e derivadas de atribuição de nacionalidade, a sua perda e reaquisição, assim como os conflitos positivos e negativos de nacionalidade, os casos de polipatrídia e de apatrídia e as restrições aos nacionais por naturalização.

1.4 Evolução histórica do direito internacional privado[3]

Há alguma controvérsia jurídica acerca do surgimento do direito internacional (MALHEIRO, 2008).

Na Antiguidade, iniciada 4.000 a.C., não havia regras de direito internacional privado. O estrangeiro era definido como um integrante de outra civilização que poderia ser submetido à condição de escravo, oprimido e até morto.

O fato que propiciou o ingresso de estrangeiros na Grécia e em Roma foi o aspecto econômico.

---

3. Por tudo: Beat Walter Rechsteiner. *Direito internacional privado*, p. 194 e ss.; Jacob Dolinger. *Direito internacional privado: parte geral*, p. 139 e ss.; Irineu Strenger. *Direito internacional privado*, p. 238.

A Grécia clássica conhece várias formas de organização e institucionalização. Em Atenas, os estrangeiros, denominados metecos, poderiam exercer alguns direitos civis desde que estabelecessem domicílio local.

Em Roma, inicialmente, o estrangeiro era tratado como escravo, perdendo seus bens para o Estado. Em seguida, também passou a obter alguns direitos de natureza civil. Contudo, ainda não existia um direito internacional privado, pois os direitos conferidos advinham da própria atuação de Roma.

Com a tomada do Império Romano do Ocidente pelos povos bárbaros, em 476 d.C., foi abandonada a lei de Roma e os alienígenas passaram a utilizar suas próprias regras.

> A invasão do Império Romano pelos bárbaros no século V causou alterações no panorama jurídico europeu, institucionalizando-se o sistema que se convencionou denominar da personalidade da lei, no qual cada pessoa era livre para reger sua vida pela lei de sua origem (DOLINGER, 2005).

Na hipótese de conflitos entre comunidades diferentes, predominaria a norma dos vencedores de uma disputa.

Com o advento da Idade Média (476 a 1453), a ordem jurídica preponderante seria estabelecida pelo senhor feudal. Dificilmente ocorria trânsito entre os diversos feudos, mas eles perceberam a necessidade de se relacionar. Aliás, nesse instante histórico, houve uma grande evolução das atividades mercantis marítimas e a criação de normas e alianças com o objetivo de ampará-las.

O Império Bizantino ou Reinado Bizantino, conhecido como Império Romano do Oriente ou Reinado Romano do Oriente, sucedeu ao Império Romano como reinado dominante do Mar Mediterrâneo.

Em 527, com a ascensão ao trono, em Constantinopla, de Flávio Pedro Sabácio Justiniano (Taurésio, 11 de maio de 483 – Constantinopla, 14 de novembro de 565), mais conhecido como Justiniano I ou Justiniano, o Grande, inicia-se uma enorme obra legislativa.

Pouco depois de assumir o poder, Justiniano percebeu a relevância de salvaguardar o legado representado pelo direito romano e, em 528, nomeou uma comissão com dez integrantes, com os quais começa um grande trabalho de compilação.

A missão dos compiladores completou-se em dois anos. Essa primeira obra não chegou à atualidade, pois foi substituída por outra, em 534.

"Com o regime feudal, encerra-se o período da personalidade da lei e instala-se o da territorialidade da lei, transformação ocorrida no século IX" (DOLINGER, 2005).

A partir daí, notou-se o crescimento lento e gradual das atividades comerciais no norte da Itália.

Houve um momento em que se tornou imprescindível a existência de normas capazes de solucionar controvérsias entre as diversas nações.

A partir do século XI, a situação se demonstrou insustentável e surgiu a Escola Estatutária Italiana: hermeneutas passaram a estudar e interpretar os documentos romanos mediante anotações entre as linhas ou na margem do texto para explicar o sentido das palavras utilizadas ou para esclarecer uma passagem obscura. Pelo método utilizado, foram denominados glosadores.

O principal texto analisado pelos glosadores foi o "Corpus Juris Civilis", de Flávio Pedro Sabácio Justiniano. Suas glosas baseavam-se na relação existente entre o direito de Roma e os estrangeiros.

Superado o método da glosa, já no século XIV, excessivamente apegado à letra da lei, e tendo sido desenvolvido um sistema metodológico de exame crítico dos textos legais, surgiu, como consequência, no norte da Itália, pelo trabalho de Bártolo de Sassoferrato (Venatura, 1313 – Perúsia, 13 de julho de 1357), considerado o maior jurista do fim da Idade Média, o direito internacional privado, que foi dividido em estatuto real e estatuto pessoal.

Com a tomada de Constantinopla pelos turco-otomanos em 1453 e o início da Idade Moderna, houve generoso progresso do direito internacional privado.

Essa evolução se mostrou patente com a Escola Estatutária Francesa, no século XVI. Nela destacaram-se Charles Dumoulin (Paris, 1500-1566), advogado; e Bernard d'Argentré (Vitré, Bretanha, 1519-1590), magistrado.

Charles Dumoulin deu origem à teoria da autonomia da vontade das partes envolvidas numa relação jurídica. Já Bernard d'Argentré defendia a restrição da aplicação de lei estrangeira.

No século XVII, surgiu a Escola Estatutária Holandesa. "Seus principais pensadores eram Paul Voet (1619-1677), John Voet (1647-1714), Christian Rodenburg (1618-1668) e Ulrich Huber (1636-1694). Esses juristas entenderam que toda lei é territorial, e o seu efeito extraterritorial somente é viável em se tratando de questão de cortesia, não de direito" (JO, 2001).

Após a Revolução Francesa, em 1789, e início da Idade Contemporânea, a doutrina moderna de direito internacional privado mostrou a sua face.

No decorrer do século XIX, surgiram os três pilares básicos da disciplina: a territorialidade do direito (Joseph Story: Marblehead, Massachusetts, EUA, 18 de setembro de 1779 –

Cambridge, Massachusetts, EUA, 10 de setembro de 1845), a personalidade do direito (Pasquale Stanislao Mancini: Castel Baronia, Itália, 1817 – Nápoles, Itália, 1888) e a universalidade das normas de conflitos de leis no espaço (Friedrich Carl von Savigny: Frankfurt am Main, Alemanha, 21 de fevereiro de 1779 – Berlim, Alemanha, 25 de outubro de 1861).

Joseph Story foi magistrado da Suprema Corte estadunidense, comentarista da Constituição de seu país, professor da Universidade de Harvard e o primeiro autor a adotar a expressão "direito internacional privado", afirmando que a disciplina era, na verdade, direito nacional, pois a aplicação de direito estrangeiro dentro do território de um Estado dependeria da vontade do legislador local.

Pasquale Stanislao Mancini, por outro lado, foi advogado; professor universitário; ministro da Educação, da Justiça e das Relações Exteriores da Itália; fundador e presidente do Instituto de Direito Internacional. Defendia que os fundamentos basilares do direito internacional privado estão configurados no direito internacional público. Desse modo, a aplicação do direito estrangeiro é obrigatória para os magistrados em todos os Estados. Sua doutrina baseava-se em três princípios: nacionalidade, liberdade e soberania, delineados no art. 3º do Código Bustamante:

> Para o exercício dos direitos civis e para o gozo das garantias individuais idênticas, as leis e regras vigentes em cada Estado contratante consideram-se divididas nas três categorias seguintes: I. As que se aplicam às pessoas em virtude do seu domicílio ou da sua nacionalidade e as seguem, ainda que se mudem para outro país – denominadas pessoais ou de ordem pública interna (Nacionalidade); II. As que obrigam por igual a todos os que residem no território, sejam ou não nacionais – denominadas territoriais, locais

ou de ordem pública internacional (Soberania); III. As que se aplicam somente mediante a expressão, a interpretação ou a presunção da vontade das partes ou de alguma delas – denominadas voluntárias, supletórias ou de ordem privada (Liberdade).

Já Friedrich Carl von Savigny foi historiador do direito, professor da Universidade de Berlim, ministro da Legislação da Prússia e membro do Instituto da França. Sustentava que a lei que deve reger uma relação jurídica é aquela que está mais de acordo com a natureza dessa relação e tanto pode ser a lei do juízo como a do direito estrangeiro. E a norma mais conforme à natureza da relação jurídica é determinada pela sede dessa relação.

São três grandes posicionamentos que, basicamente, norteiam o direito internacional privado até hoje, com variações mais ou menos intensas em que cada autor imprime sua particularidade.

1.5 Relação com o direito internacional público

O direito internacional privado possui intrínseca relação com o direito internacional público, uma vez que considera as regras internas dos Estados que, não raro, se estabelecem tendo por fundamento os tratados internacionais firmados entre eles.

Tanto um como o outro são ramos do direito público, tendo cada um características que lhes são inerentes e que conferem peculiaridades que os distinguem.

1.6 Distinção com o direito uniforme, o direito comparado e a *lex mercatoria*

Há muitas e importantes diferenças entre o direito internacional privado, o direito uniforme, o direito comparado e a lex mercatoria. São institutos completamente diversos, que jamais podem ser confundidos. Assim sendo, busca-se aqui realizar uma perfunctória distinção, como se pode detidamente analisar a seguir.

1.6.1 Direito uniforme

O direito uniforme é delineado por preceitos jurídicos concordantes e indicativos do direito aplicável, que estejam em vigor em dois ou mais Estados. O instrumento jurídico utilizado para a uniformização das regras do direito internacional privado é o tratado internacional.

Os tratados empregam-se, dentro de seu âmbito, somente perante os Estados em que estão em vigor as normas jurídicas uniformizadas.

As regras nacionais autônomas do direito internacional privado permanecem com vigência perante os Estados não signatários das convenções.

No século XIX, surgiu a ideia de criação de sistema de regras de direito internacional privado de caráter universal.

As convenções internacionais de direito internacional privado uniforme são elaboradas em conferências especializadas, patrocinadas por Organizações Internacionais Intergovernamentais.

Não é o objeto do direito internacional privado a formação de um direito uniforme. O que existem são tratados internacionais que promovem a uniformização de algumas normas.

Nas palavras de Irineu Strenger (2005), "no campo da uniformidade legislativa, temos várias posições respeitáveis, porém, que não atendem precipuamente àquilo que parece ser o objeto do direito internacional privado: conflito de leis no espaço".

1.6.2 Direito comparado

O direito comparado é o corpo de conhecimentos sistematizado que estuda mediante contraposição, vários sistemas jurídicos, examinando suas regras positivas, suas fontes, sua história e os diversos agentes sociais e políticos que os inspiram.

São exames confrontantes entre diversos sistemas jurídicos. A análise consiste na aproximação e cotejo de dois ou mais conjuntos de elementos normativos que possuam similitude, ou não, com o objetivo de estabelecer parâmetros para a aplicação de regras.

O direito comparado é um processo específico de estudo entre dois ou mais ordenamentos jurídicos. Trata-se, portanto, de um método de estudo e não de um ramo jurídico.

> Por meio deste estudo comparativo, deparam-se as convergências e as divergências, descobrem-se semelhanças em que se poderia pensar haver conflitos e outras vezes diagnosticam-se diversidades em que se pensava haver uniformidade; também se apontam as razões das convergências e das divergências e pesquisam-se possibilidades de aplainar estas em favor daquelas (DOLINGER, 2005).

O direito internacional privado não é um direito comparado, pois a disciplina não exige o conhecimento das normas dos diversos Estados, mas a percepção das regras da ciência que sejam aplicáveis às relações jurídicas que possuam elementos de estraneidade.

"A valia do direito comparado para o direito internacional privado se concretiza no momento da busca pela melhor composição para os conflitos envolvendo diferentes ordenamentos jurídicos" (TIBURCIO; BARROSO, 2006).

1.6.3 *Lex mercatoria*

Lex mercatoria é um conjunto de normas que compõe um sistema jurídico completo, com mecanismos de solução de controvérsias e sanções próprias, criado com o objetivo de aumentar a segurança nas diversas relações jurídicas comerciais internacionais realizadas entre indivíduos que se localizam em diferentes Estados.

A atual *lex mercatoria* data da década de 1960 e traz diferenças em relação à antiga, que foi criada na Idade Média contemporânea do renascimento comercial.

A *lex mercatoria* hodierna busca sustentação nos sistemas jurídicos dos Estados para a recognição de suas fontes, execução das decisões arbitrais, e tem suas bases estabelecidas em quatro fundamentos: usos profissionais, contratos-tipo, regulamentações profissionais ditadas nos limites de cada profissão por suas associações representativas e jurisprudência arbitral (STRENGER, 1996).

As regras do direito internacional privado não se confundem com a *lex mercatoria* e são autônomas em relação a ela.

1.7 Direito internacional privado brasileiro

O direito internacional privado brasileiro observa as relações jurídicas existentes no plano interno que possuam elementos de estraneidade. Para regulá-las, utiliza-se da legislação interna que cuida de interesses relacionados ao direito internacional.

Verifica-se a presença de diversas legislações no ordenamento jurídico brasileiro que não apenas fornecem subsídios à hermenêutica jurídica nas relações exteriores, como também apontam critérios legais para a resolução de conflitos.

É importante lembrar que o Brasil é um país de imigração, em que ocorrem diversos atos e negócios internacionais. No plano interno, portanto, é fundamental o estabelecimento de diretrizes legais.

À guisa de exemplificação, verifica-se que a própria Constituição Federal brasileira possui diversas regras sobre as relações exteriores, sem embargo do Código de Processo Civil, do Código Tributário Nacional e da Lei de Introdução às Normas do Direito Brasileiro, que possui normas de direito intertemporal e também de direito internacional privado, cuidando de diversos assuntos como o estatuto pessoal, a qualificação de bens, a determinação da competência internacional etc.

Não se deve olvidar que o estabelecimento de tais regras configura-se como uma necessidade, em face de relações jurídicas extremamente complexas envolvendo o direito internacional.

O tema ganha importância quando se recorda que as normas internas de um Estado são consideradas fontes de direito internacional privado.

2

Elementos de conexão

2.1 Noções gerais e conceito

Conexão é a ligação, é o contato entre uma situação da vida e a norma que vai regê-la.

Conceitualmente, elementos ou circunstâncias de conexão são normas estabelecidas pelo direito internacional privado que indicam o direito aplicável a uma ou diversas situações jurídicas unidas a mais de um sistema legal.

São também denominadas normas indiretas (ou indicativas), pois apontam o direito que poderá ser empregado no caso concreto nas relações particulares com conexão internacional, sem solucioná-lo.

> O objetivo fundamental do direito internacional privado visa escolher e aplicar, nas relações jurídicas privadas internacionais, a lei com o vínculo mais estreito, e isso se realiza através da determinação do elemento de conexão (JO, 2001).

Os elementos de conexão corporificam-se num elemento essencial para a solução de conflitos de leis no espaço.

As variadas legislações nacionais de direito internacional privado orientam-se por eles, que indicam a norma jurídica adequada à solução de controvérsias entre as partes.

Observam-se diversas circunstâncias imediatamente relacionadas ao caso concreto, utilizadas pela regra de direito internacional privado para apontar a lei competente.

"É a parte da norma indicativa de direito internacional privado que torna possível a determinação do direito aplicável, seja o nacional (do julgador), seja o estrangeiro" (DEL'OLMO, 2004).

Como as regras de direito internacional privado são essencialmente indicativas do direito aplicável para resolver alfétenas legais ou intersistemáticas, não seria possível colocá-las em prática sem determinarem-se parâmetros de subordinação jurídica extraterritorial, ou seja, é fundamental que a regra colisional possua em seu conteúdo um meio instrumental com capacidade de apontar a ordem jurídica que deve preponderar na solução de desinteligências interespaciais.

2.2 Espécies de elementos de conexão

Os elementos de conexão são tradicionalmente enunciados em latim, no direito internacional privado, e viabilizam a resolução do direito a ser empregado no caso concreto.

Deve-se atentamente observar que o rol apresentado a seguir não é exaustivo, mas apenas exemplificativo, com a presença das principais circunstâncias de conexão que são normalmente aplicadas nas relações exteriores para regular as mais diversas cizânias jurídicas que eventualmente surgirem entre os particulares (DOLINGER, 2005).

São eles:

2.2.1 Lex damni

A lei aplicada será a do lugar em que se manifestaram as consequências de um ato ilícito, para reger a devida obrigação de indenizar aquele que foi atingido pela conduta delitiva da(s) outra(s) parte(s) numa relação jurídica internacional.

2.2.2 Lex domicilii

De acordo com a regra, a norma jurídica a ser aplicada é a do domicílio dos envolvidos na relação jurídica que possui um componente essencial de estraneidade, como a capacidade da pessoa física.

É importante salientar que "capacidade" aqui tem o sentido de habilitação da pessoa para os atos da vida civil, que é o singular potencial de exercício de direitos, ou de agir de acordo com eles.

A capacidade da pessoa física faz parte de seu estatuto pessoal.

O estatuto pessoal se configura pela reunião de elementos que compõem a realidade exterior de uma pessoa, constituindo o conjunto de atributos que distingue um indivíduo de outro. Caracteriza-se pelos aspectos essenciais e juridicamente relevantes da vida de uma pessoa, como o nascimento, a personalidade e a própria capacidade jurídica citada, o poder familiar, a morte etc.

É de se notar facilmente a correta aplicação da referida regra no território brasileiro com a simples leitura do disposto no art. 7º da Lei de Introdução às Normas do Direito Brasileiro: "A lei do país em que domiciliada a pessoa determina as regras sobre o começo e o fim da personalidade, o nome, a capacidade e os direitos de família".

> À época da promulgação da Lei de Introdução ao Código Civil de 1942, a opção adotada pelo legislador brasileiro atendia a antigos reclamos da doutrina para que fosse abandonada a regra da *lex patriae* – a lei da nacionalidade da pessoa – como a regra de conexão para determinação do direito aplicável aos casos com conexão internacional envolvendo estado e capacidade da pessoa e direitos de família, tal como estabelecido na antiga Introdução ao Código Civil de 1916. Na exposição de Motivos da Lei de Introdução ao Código Civil de 1942, havia clara a ideia de que a lei do domicílio seria um critério mais apropriado para disciplinar tais relações do que a lei de sua nacionalidade (BASSO, 2009).

2.2.3 Lex fori

A norma jurídica aplicada será a do foro no qual ocorre a demanda judicial entre as partes conflitantes.

2.2.4 Lex loci actus

A regra aplicada será a do local da realização do ato jurídico para reger sua substância.

2.2.5 Lex loci celebrationis

Segundo Castro (2005):

> Relativamente à forma, o que tem prevalecido em todos os tempos e lugares é a observância do *lex loci celebrationis*; e, mantendo essa regra, a Lei de Introdução às Normas do Direito Brasileiro estabelece que, em se realizando o casamento no Brasil, será aplicável a lei brasileira quanto às formalidades da celebração (art. 7º, § 1º, *in fine*).

Desse modo, a norma jurídica aplicada, no que é pertinente às formalidades do casamento, será a do local de sua celebração.

A Lei de Introdução ao Código Civil de 1942 especifica a regra da *lex loci celebrationis*, referindo-se à aplicação do direito estrangeiro para disciplinar a forma do casamento celebrado no exterior, o que se combina com o princípio do respeito ao direito adquirido. Toda relação matrimonial constituída no exterior, em conformidade com a forma estabelecida pela lei local de celebração do casamento, será reconhecida como válida no ordenamento brasileiro, salvo naqueles casos em que o ato realizado violar a ofensa à ordem pública ou fraudar a lei nacional (BASSO, 2009).

2.2.6 *Lex loci contractus*

A regra aplicada será a do local em que o contrato foi firmado para reger o seu cumprimento e a sua interpretação.

2.2.7 *Lex loci delicti*

Para orientar a devida obrigação de indenizar o(s) prejudicado(s), no caso da prática de crime, a lei empregada será aquela do lugar em que o ato ilícito foi cometido.

2.2.8 *Lex loci executionis*

A lei empregada será a da jurisdição em que se realiza a aplicação forçada da consequência jurídica que atinge o sujeito passivo pelo não cumprimento da prestação.

2.2.9 *Lex loci solutionis*

A norma jurídica aplicada será a do local em que as obrigações devem ser cumpridas.

2.2.10 *Lex monetae*

O ajuste de obrigações em moeda estrangeira tornou-se uma prática ordinária com o fenômeno da globalização[1].

O progressivo avivamento do comércio internacional colabora intensamente para que essa prática se promova de forma reiterada nas relações exteriores.

Assim, para esses casos, a lei empregada será aquela do Estado em cuja moeda a obrigação legal foi expressa.

2.2.11 *Lex patriae*

A lei aplicada será a da nacionalidade da pessoa física, pela qual se rege seu estatuto pessoal.

Como propriamente descrito alhures, o estatuto pessoal se configura pela reunião de elementos que compõem a realidade exterior de uma pessoa, constituindo o conjunto de atributos que distingue um indivíduo de outro. Caracteriza-se pelos aspectos essenciais e juridicamente relevantes da vida de uma pessoa, como o nascimento, a personalidade e capacidade jurídica, o poder familiar, a morte etc.

2.2.12 *Lex rei sitae*

Também denominado *lex situs*, este elemento de conexão determina que a norma jurídica aplicada será a do local em que a coisa se encontra.

No Brasil, a aplicação do elemento de conexão *lex rei sitae* é de uma clareza solar quando realizado o exame do art. 12, § 1°, da Lei de Introdução às Normas do Direito Brasileiro:

---

[1] Para saber mais sobre o fenômeno da globalização, consulte o Capítulo 9 desta obra.

"Só à autoridade judiciária brasileira compete conhecer das ações relativas a imóveis situados no Brasil".

2.2.13 *Lex voluntatis*

A norma jurídica que deverá ser aplicada é aquela livre e conscientemente escolhida pelos pactuantes.

2.2.14 *Locus regit actum*

A regra aplicada será a do local da realização do ato jurídico para reger suas formalidades.

2.2.15 *Mobilia sequuntur personam*

Para os bens móveis, a lei a ser aplicada é aquela do local em que seu proprietário está domiciliado.

2.3 Adequação dos elementos de conexão ao direito estatal

Cada Estado elege os elementos de conexão que considera mais adequados para compor o seu direito internacional privado.

À guisa de exemplicação, sabe-se que o direito internacional privado brasileiro escolheu a *lex domicilii* para reger o começo e o fim da personalidade, o nome, a capacidade e os direitos de família (art. 7°, LINDB); outros Estados concedem preferência à *lex patriae*.

Na mesma toada, o Brasil utiliza a *lex rei sitae*, também chamado *lex situs*, para reger os bens; outros Estados podem recorrer à *mobilia sequuntur personam*.

3

Fontes internacionais e brasileiras de direito internacional privado

3.1 Fontes de direito internacional privado

Inicialmente, é relevante esclarecer que as fontes de direito internacional privado divergem das fontes de direito internacional público.

O direito internacional privado tem nas regras internas dos Estados a maioria de suas normas e emprega dispositivos de tratados internacionais somente quando incorporados ao ordenamento jurídico interno.

Já o direito internacional público é constituído de um ordenamento completamente diverso do interno.

Começando pela base, pode-se afirmar que fonte, tecnicamente, é a "origem primária do Direito" (DINIZ, 2005); são elementos reais que determinaram o surgimento das regras jurídicas.

"Emprega-se também o termo 'fonte do direito' como equivalente ao fundamento de validade da ordem jurídica" (DINIZ, 2005).

A expressão "fontes do direito" é uma metáfora para designar a própria gênese do direito, as causas do direito positivo (SIQUEIRA JÚNIOR, 2009).

Há uma diferença entre fontes formais e materiais. As primeiras são imediatas, mais próximas, enquanto as demais são mediatas e, portanto, mais distantes, "condicionadas pelos chamados 'fatores do Direito' (...)" (NADER, 2002), referindo-se a componentes éticos, sociológicos, históricos que servem de substrato para a criação do conteúdo da norma do Direito.

"Entendem-se como fontes formais os modos, meios, instrumentos ou formas pelos quais o direito se manifesta perante a sociedade" (VENOSA, 2004).

O direito internacional privado não se ocupa das fontes materiais, que serão objeto de estudo da filosofia do direito (JO, 2004), mas precipuamente das fontes formais.

As fontes formais do direito internacional privado são a lei, os tratados e as convenções – ainda que não tenham sido ratificadas –, o costume jurídico interno, a jurisprudência e a doutrina.

3.1.1 Lei

A lei tem grande importância no direito internacional privado, visto que ele cuida das relações jurídicas internas que possuem elementos de estraneidade.

> No Estado moderno há uma supremacia da lei ante a crescente tendência de codificar o direito para atender a uma exigência de maior certeza e segurança para as relações

jurídicas, devido à possibilidade de maior rapidez na elaboração e modificação do direito legislado, permitindo sua adaptação às necessidades da vida moderna e pelo fato de ser de mais fácil conhecimento e de contornos mais precisos, visto que se apresenta em textos escritos (DINIZ, 2007).

Lei é uma norma jurídica de alcance geral, abstrata, obrigatória, permanente, oriunda de poder competente designado pelo Estado, no âmbito de suas atribuições, expressa na forma escrita.

"Indubitavelmente, a lei é o instrumento básico para a solução dos problemas jurídicos, vez que fixa as linhas fundamentais de qualquer sistema jurídico" (SIQUEIRA JÚNIOR, 2009).

Desse modo, as regras de direito internacional privado são normas locais, de direito interno.

A codificação das normas de direito internacional privado originou-se no século XIX, com singular relevo ao Código Napoleônico (1804), que determinou regras sobre a aplicação de leis no espaço no art. 3º e em suas três alíneas, bem como sobre fatos ocorridos no estrangeiro nos arts. 47, 170 e 999, sem descurar dos direitos dos estrangeiros, no art. 11 e sobre competência jurisdicional nos arts. 14 e 15.

Outros códigos também trouxeram dispositivos sobre o direito internacional privado, como o Código Civil do Chile, do Canadá, da Espanha, com destaque para o da Itália.

No Brasil, já no século XX, com a gênese do Código Civil de 1916, surgiu também uma "Introdução", com regras de direito internacional privado, que foi substituída pela Lei de Introdução às Normas do Direito Brasileiro, em 1942.

Tais acontecimentos demonstram que a relevante fonte do direito internacional privado é a lei interna de cada Estado.

É importante lembrar que, no direito interno do Estado, existe uma hierarquia entre as leis.

> A hierarquia das leis é, portanto, aplicação ao direito legislado do princípio que rege a hierarquia das normas jurídicas em geral, em grau decrescente de generalidade conceitual: normas constitucionais, ordinárias, regulamentares e individualizadas (COELHO, 2004).

No direito, existem conflitos normativos, ainda que aparentes, ao que se denomina antinomia.

Um dos critérios utilizados para a solução é o hierárquico (*lex superior derogat legi inferiori*), fundamentado na superioridade de uma fonte de produção jurídica sobre outra.

No Brasil, por exemplo, a Constituição Federal sempre deverá prevalecer sobre uma lei ordinária.

Nas relações exteriores, como é sabido (MALHEIRO, 2008), não há hierarquia entre as normas, o que significa dizer que a lei interna de determinado Estado não pode ser considerada mais importante do que a de outro.

Salienta-se que o Brasil possui um Código de Direito Internacional Privado, conhecido por Código Bustamante.

3.1.1.1 O Código Bustamante como lei no Brasil

O Código Bustamante é resultado de seis conferências internacionais especializadas.

"Em 1889, (...), reuniam-se em Washington delegados dos países americanos, dando início a uma série de Conferências Pan-Americanas" (DOLINGER, 2005). Naquela ocasião, cinco delegados expuseram um conjunto de elementos organizados sobre direito internacional privado, com matérias de direito civil, comercial e legalização documental.

A segunda conferência ocorreu no Estado do México, em 1901 e 1902, onde José Hygino Duarte Pereira, delegado brasileiro, submeteu à apreciação a ideia de instituição de uma comissão de juristas para a criação de dois códigos: um de direito internacional privado e outro de direito internacional público. Ambos, nos seus respectivos âmbitos temáticos, regulariam as relações jurídicas dos Estados americanos.

A terceira conferência ocorreu no Rio de Janeiro, em 1906, e contou com a aprovação e a ratificação do projeto de José Hygino Duarte Pereira.

A partir daí foi nomeada uma comissão, composta por dois juristas de cada Estado americano.

O governo brasileiro enviou para a comissão, em 1912, um projeto de Código de direito internacional privado, elaborado por Lafayette Rodrigues Pereira, e outro, de direito internacional público, criado por Epitácio Pessoa.

Houve uma paralisação das negociações, em face da cruenta Primeira Grande Guerra Mundial (de agosto de 1914 a novembro de 1918), que ceifou milhares de vidas em razão de preitesias desmesuradas.

Em 1920, na quarta conferência, em Buenos Aires, a comissão, que até então era una, dividiu-se em seis.

A quinta conferência Pan-Americana ocorreu no Chile, em 1923. Naquele incrível momento histórico, examinou-se pormenorizadamente a condição do estrangeiro, a capacidade das pessoas, o direito de família e as sucessões.

A discussão foi particularmente intensa, mormente entre Brasil, Paraguai e Uruguai, e não se chegava a um consenso sobre a aplicação da *lex domicilli*.

Na mesma ocasião:

> Resolveu-se reestruturar a comissão de jurisconsultos a fim de que elaborasse, então, novamente um projeto de Código de direito internacional privado. E não só isso: que examinasse os projetos oferecidos pelos representantes brasileiros e que, então, aprovasse um deles (STRENGER, 2005).

A novíssima comissão era composta por apenas três integrantes – um argentino, um cubano e um guatemalteca.

Um dos componentes, o jurista cubano Antonio Sanchez de Bustamante y Sirvén, ganhou grande destaque, pois apresentou o projeto que foi recomendado em 1927, no município do Rio de Janeiro, à próxima conferência Pan-Americana, que se realizaria em 1928.

A última conferência ocorreu em Cuba, na cidade de Havana, capital e maior cidade do Estado. Houve um debate sobre diversos temas de interesse dos pactuantes, em especial os conflitos das leis penais. Eram representantes do Brasil: Alarico da Silveira, Eduardo Espínola, Lindolfo Collor, Raul Fernandes e Sampaio Corrêa. Em 20 de fevereiro de 1928, Bolívia, Brasil, Chile, Costa Rica, Cuba, El Salvador, Equador, Guatemala, Haiti, Honduras, Nicarágua, Panamá, Peru, República Dominicana e Venezuela aprovaram o Código Bustamante. Presentes à conferência, deixaram de aprová-lo: Argentina, Colômbia, Estados Unidos, México, Paraguai e Uruguai.

O Código é composto de 437 artigos contendo Regras Gerais e quatro livros: Direito Civil Internacional, Direito

Comercial Internacional, Direito Penal Internacional e Direito Processual Internacional.

O Código Bustamante foi aprovado pelo Brasil pelo Decreto n° 5.647, de 8 de janeiro de 1929, e promulgado pelo Decreto n° 18.871, de 13 de agosto de 1929. Infelizmente, o diploma possui pouca eficácia no Brasil, preferindo os magistrados a aplicação da Lei de Introdução às Normas do Direito Brasileiro.

3.1.2 Tratados e convenções internacionais

Tratado é um acordo, ajuste, arranjo, convenção, declaração formal entre pessoas jurídicas de direito internacional público, que firmam um compromisso de cumprimento e respeito às cláusulas e às condições concluídas por escrito, com a finalidade de produzir efeitos jurídicos nas relações exteriores, criando preceitos de direito positivo, regidos pelas regras do direito internacional.

"A obrigatoriedade dos tratados funda-se no princípio fundamental do direito internacional: *pacta sunt servanda*, segundo o qual os Estados devem respeitar os pactos por eles estabelecidos" (GUSMÃO, 2004).

Existem mais de 30 denominações diferentes para um tratado. Pode ele ser um acordo, ajuste, arranjo, ata, carta, compromisso, constituição, convenção, convênio, declaração, estatuto, liga, memorando, pacto, protocolo etc.

Como regra, a sua designação terminológica não determina a espécie de compromisso ali firmado. Nas palavras de José Francisco Rezek, "o que a realidade mostra é o uso livre, indiscriminado, e muitas vezes ilógico, dos termos variantes" (REZEK, 2008).

Em apertada síntese, tratado é gênero, que contém em sua natureza diferentes espécies e denominações.

O tratado deve ser elaborado em documento escrito. Não obstante Carlos Roberto Husek (2014) e Hee Moon Jo (2004) defendam a forma oral, *data maxima venia*, tal posicionamento não deve prevalecer, em face da impossibilidade de cumprimento das formalidades exigidas e de sua precária executoriedade no caso concreto.

Ademais, existem pelo menos dois dispositivos no âmbito internacional que indicam a configuração escrita: o art. 2º da Convenção de Havana e o art. 2º, I, *a*, da Convenção de Viena sobre o Direito dos Tratados de 1969 (conhecida na doutrina como "tratado dos tratados").

> Os tratados são fontes cujo centro irradiador é o acordo entre as vontades soberanas dos Estados. As convenções são celebradas no âmbito dos organismos internacionais que, reconhecidos, vêem seus atos normativos repercutirem no âmbito interno dos Estados (FERRAZ JÚNIOR, 2003).

Assim, verifica-se que existe uma manifestação de vontade das partes, o que acaba por gerar obrigações entre elas.

Urge destacar que se uma parte se sujeita ao direito interno de outra teremos um contrato interestatal e não um tratado, pois este exige que a criação de preceitos de direito positivo se submeta às regras do Direito Internacional e nunca a uma legislação no plano interno de um dos copactuantes, como acontece com aquele.

Alinhe-se, por derradeiro, que a celebração segue os termos da Convenção de Viena sobre o direito dos Tratados (1969), que é obrigatória "mesmo para Estados que ainda não a ratificaram ou dela ainda não são signatários" (MAZZUOLI, 2006), pois é "unanimemente reconhecida como regra declaratória de direito consuetudinário vigente" (MAZZUOLI, 2006).

O tratado internacional, ainda que não ratificado pelo Estado, em regra, pelo seu Poder Legislativo, deve ser considerado fonte de direito internacional privado. Isso porque a falta de ratificação pelos orgãos competentes nem sempre reflete a discordância dos especialistas com o texto do acordo (DOLINGER, 2005). Tais tratados, portanto, devem ocupar a posição de costumes, como fonte.

3.1.3 Costume jurídico interno

> O costume, no sentido jurídico, isto é, direito consuetudinário, é a fonte mais antiga do direito. Os próprios códigos da Antiguidade, como o de Hamurabi ou a Lei das XII Tábuas, nada mais eram do que compilação dos costumes tradicionais (GUSMÃO, 2004).

O costume jurídico interno é um conjunto de regras imperativo-atributivas públicas e gerais criadas espontaneamente pelo povo, convalidadas pela prática reiterada, uniforme e constante de atos relevantes para o direito em um determinado meio social, com a convicção de sua necessidade ou conveniência e obrigatoriedade (*opinio necessitatis sive obligationis*), reconhecidos e, não raro, impostos pelo Estado, com validade jurídica.

A férula do costume reside no vigor consignado pelo tempo e ao uso contínuo como reveladores de regras.

> Os costumes jurídicos não se confundem com as normas de trato social. Aqueles se caracterizam pela exigibilidade, por serem atributivos, e versam sobre

os interesses básicos dos indivíduos; estas não são exigíveis e relacionam-se, em geral, a questões de menor profundidade. De fato, as normas de trato social, espécie de norma ética e que vão desde as regras mais elementares de decoro às mais refinadas formas de etiqueta e cortesia, são seguidas por força de hábitos consagrados (BETIOLI, 2004).

Costume jurídico distingue-se dos usos e costumes sociais – tais como andar na moda, ir a solenidades, frequentar a igreja etc. – que tem natureza moral, religiosa ou social, mas cuja obediência não é posta, como o são nas normas jurídicas (RIZZATTO NUNES, 2009).

3.1.3.1 *Elementos fundamentais do costume jurídico interno*

Existem dois elementos fundamentais no costume jurídico interno, que se inspiram intrinsecamente:

a) **Elemento objetivo** (também chamado material ou exterior ou substancial): cuida-se da prática reiterada, uniforme e constante de atos relevantes para o direito em um determinado meio social.

b) **Elemento subjetivo** (também chamado formal ou interior ou relacional ou intencional ou psicológico): trata-se da convicção de sua necessidade ou conveniência e obrigatoriedade.

Tal convicção tem fundamento numa expectativa de consenso, na suposição bem-sucedida de que todos concordam. Cuida-se de um processo de institucionalização, que repousa no engajamento pelo silêncio presumidamente aprovador e caracteriza-se como parte integrante do sistema pelas regras estruturais (FERRAZ JÚNIOR, 2003).

3.1.3.2 Espécies de costume jurídico interno

a) **Secundum legem**: é o costume segundo a lei, de acordo com a lei. Trata-se da hipótese em que o Estado admite, prevê e reconhece expressamente por meio de lei sua eficácia obrigatória.

b) **Praeter legem**: é o costume além da lei, dispondo sobre matéria não disciplinada por ela e que, portanto, serve para o preenchimento de lacunas jurídicas.

Muito se discute sobre a existência de lacunas no direito. No entanto, cuida-se apenas de uma análise por prismas diferentes.

Sob determinado exame, afirma-se que não existem lacunas jurídicas, pois há os elementos integradores, como os costumes *praeter legem*, que preenchem essa inanidade.

Por outro lado, declara-se pela existência das lacunas, pois, se são necessários elementos integradores, é porque há espaços vazios no plano jurídico que precisam ser ocupados.

> O problema das lacunas foi concebido, inicialmente, como restrito ao ordenamento legal. A expressão *lacunas da lei* reconhece, salvo quando assimilamos todo o direito à lei, que, se o ordenamento legal é lacunoso, não o seria, eventualmente, o direito como um todo (FERRAZ JÚNIOR, 1980).

De qualquer forma, os costumes *praeter legem* tem a missão de intervir na falta ou omissão da lei.

À guisa de exemplificação, a Lei de Introdução às Normas do Direito Brasileiro, em seu art. 4°, realiza uma referência ao costume como recurso de integração ao direito.

a) **Contra legem**: é o costume contra a lei. Ele é o que se estrutura de maneira oposta à lei.

O costume *contra legem* pode ser derrogatório ou ab-rogatório. Será derrogatório quando suprimir a lei por meio do desuso, tornando-a letra morta.

"É a situação de leis que não 'pegam' – permanecem válidas no ordenamento, mas não são cumpridas" (COELHO, 2004).

Noutra esfera, será ab-rogatório quando criar uma nova regra, substituindo a anterior.

Destaque-se que, no Brasil, o costume não revoga lei. Pode apenas influenciar a sua mudança.

Por fim, saliente-se que

> a importância do costume como fonte do direito internacional privado não pode ser contestada, visto que sua significação assenta-se nas próprias origens estruturais de nossa disciplina, marcando intensamente o seu processo de desenvolvimento (STRENGER, 2005).

3.1.4 Jurisprudência

É a coletânea de decisões uniformes e reiteradas dos magistrados e/ou tribunais internos, sobre um determinado assunto (*lato sensu*), num dado sentido e alcance (*stricto sensu*), resultantes do adequado emprego de regras a casos semelhantes.

A jurisprudência será *lato sensu* quando comportar decisões convergentes e divergentes.

Será, noutro foco, *stricto sensu* quando composta exclusivamente de decisões que possuam uma interpretação judicial com idêntico sentido e alcance das regras jurídicas.

O termo jurisprudênicia indica o conjunto de decisões, não se confundindo com uma decisão isolada (senteça ou acórdão). Embora o vocábulo jurisprudência possa indicar o conjunto de decisões dos Tribunais, abrangendo tanto a jurisprudência uniforme quanto contraditória, não se confundem os conceitos jurisprudência com sentença ou acórdão (SIQUEIRA JÚNIOR, 2009).

Como a jurisprudência é uma consequência da interpretação legal conferida por magistrados, que possuem conhecimentos, ideologias e valores diversos, uma vez alterada a composição das varas e dos preclaros tribunais, ela também se modifica.

Ao contrário do que ocorre no direito internacional público (MALHEIRO, 2008), a jurisprudência interna dos Estados é considerada fonte do direito internacional privado.

3.1.5 Doutrina

É o conjunto de estudos, pareceres, artigos, de caráter científico consignados em obras, tais como livros, revistas, jornais jurídicos, e que estabelecem teorias ou interpretações acerca do direito internacional, bem como pela opinião identificável, reconhecida por um ou diversos jurisconsultos, sobre uma controvérsia jurídica, com finalidade investigativa de cognição e organização ou com a intenção específica de determinar o significado preciso de uma regra jurídica para a sua correta utilização prática.

Deve-se reconhecer a notável importância da doutrina na solução de conflitos de leis no espaço, quando há omissão da lei e não existe tratado. É nas obras dos tratadistas que o juiz, muitas vezes, vai encontrar o caminho para a solução do conflito que lhe cabe julgar. Ademais, no caso do direito internacional privado, a doutrina influenciou enormemente a evolução da disciplina em todas as partes do mundo, ao longo do tempo (DEL'OLMO, 2004).

Nos dias atuais, a função da doutrina não se limita a interpretar o direito internacional, mas expande-se para servir de subsídio à construção de novos institutos legais mediante a elaboração dos tratados.

Conforme corretamente preleciona Antônio Augusto Cançado Trindade (2003),

> muito embora haja uma tendência a atribuir à doutrina hoje posição relativamente modesta dentre as "fontes" do direito internacional, não se deve, no entanto, negligenciá-la. Aos ensinamentos doutrinários sempre recorrem os atores no cenário internacional quando se trata de fundamentar suas posições.

Não obstante esteja ausente na doutrina a coercitividade, não se deve olvidar sua enorme contribuição na construção das regras de direito internacional privado.

> Não tem a doutrina força obrigatória, mas é comum encontrarmos nas decisões dos tribunais, nas discussões em torno da elaboração das regras de direito e nos tratados internacionais a invocação das lições dos grandes mestres. Esta é uma realidade incontestável em direito internacional privado, onde a elaboração doutrinária é imensa e tem sido guia dos interessados na solução dos casos concretos (STRENGER, 2005).

3.2 Conflito entre fontes

No direito, existem conflitos normativos, ainda que aparentes, ao que se denomina antinomia.

Cuida-se da contradição existente entre duas fontes jurídicas igualmente críveis, lógicas e coerentes, mas que apresentam conclusões diametralmente opostas.

São constantes as conjunturas em que colide a fonte interna com a fonte internacional. Especial destaque será dado ao conflito entre lei interna e tratado internacional.

3.2.1 Lei interna e tratado internacional

Sobre a relação entre a lei interna de um Estado e o tratado internacional, defronta-se a doutrina com severos questionamentos acerca da possibilidade de confronto entre eles e, na hipótese afirmativa, busca responder qual das ordens jurídicas deve prevalecer.

Os jurisconsultos, em geral, admitem duas teorias elementares que explicam a prevalência do direito interno (lei) ou do direito internacional (tratado): o dualismo e o monismo.

3.2.1.1 Dualismo

O maior expoente do dualismo foi Carl Heinrich Triepel, eminente jurista de origem alemã que estabeleceu a teoria no final do século XIX, mais precisamente no ano de 1899, não obstante tal nomenclatura ter sido utilizada por Alfred von Verdross somente mais de duas décadas depois, no início do século XX, mais especificamente no ano de 1914 e aceita por Triepel como tal apenas no ano de 1923 (MELLO, 2004).

O dualismo se caracteriza pela apresentação de duas ordens jurídicas distintas e separadas, que "podem ser tangentes, mas não secantes, isto é, são independentes, não possuindo qualquer área em comum" (MELLO, 2004).

Em outras palavras, pode-se dizer que o direito interno (lei) cuida das relações jurídicas intraestatais, enquanto o direito internacional (tratado) cuida das relações jurídicas exteriores. Desse modo, torna-se impossível a existência de qualquer conflito entre elas.

A teoria se baseia na concepção estrutural das ordens jurídicas: o direito interno (lei) se caracteriza pela subordinação, pois depende exclusivamente da vontade unilateral do Estado, e o direito internacional (tratado), pela coordenação, pois depende da vontade comum de vários Estados.

Assim sendo, de acordo com o dualismo, para que um tratado possa ser aplicado na dimensão interna do Estado, é necessário que ele o introduza no seu ordenamento jurídico doméstico, o que pode ser denominado como "teoria da incorporação". É necessário, portanto, que os dispositivos internacionais sofram "um processo de recepção para transformar-se em norma jurídica do sistema jurídico do Estado" (RIZZATTO NUNES, 2009).

Cumpre ressaltar que o direito internacional é indiferente quanto ao método escolhido pelo Estado para promover a recepção da norma convencional em seu ordenamento jurídico.

> Os tratados, desde que aprovados no âmbito interno conforme procedimentos prescritos pelas respectivas constituições, adquirem o *status* legal, imperam como leis internas, de tal modo que, se são incompatíveis com leis ordinárias do país, as tornam revogadas conforme a regra estrutural da *lex posterior*. Submetem-se, não obstante, à hierarquia e não podem contrariar disciplinas constitucionais (FERRAZ JÚNIOR, 2003).

A Constituição Federal brasileira (1988) adota o dualismo ao exigir a incorporação do direito internacional ao direito interno, conforme aduz a interpretação do Supremo Tribunal Federal acerca do art. 84, IV, da Carta de Outubro. O dualismo, à guisa de exemplificação, também é adotado na Itália e na Islândia.

Assim, "não há aplicação automática, por exemplo, de um tratado internacional; é necessário que ele, pelos meios adequados, passe a integrar o ordenamento jurídico interno do Estado" (ALLEMAR, 2006) para então ter validade e vigência naquele território.

Nessa hipótese, havendo um conflito aparente de normas, "já não mais trata de contrariedade entre o tratado e a norma de direito interno, mas entre duas disposições nacionais" (MAZZUOLI, 2006).

3.2.1.2 Monismo

O monismo se caracteriza pela apresentação de uma única ordem jurídica, e não duas independentes.

A teoria tem duas correntes: uma que estabelece a supremacia do direito internacional (tratado) sobre o direito interno (lei), determinando que as normas de direito interno deverão se ajustar ao direito internacional; e outra que estabelece a supremacia do direito interno, determinando que as normas internacionais deverão se ajustar ao direito interno.

a) Monismo com supremacia do direito internacional

O maior expoente do monismo com supremacia do direito internacional foi Hans Kelsen, eminente jurista de origem austríaca que estabeleceu a teoria no ano de 1926, preconizando sua discordância sobre a existência de duas ordens jurídicas independentes, aduzindo acerca de dois ramos pertencentes a um mesmo sistema, sendo o direito internacional hierarquicamente superior ao direito interno do Estado, assim como a

Constituição, no plano intraestatal, está situada acima das leis ordinárias.

O fundamento da teoria está na norma hipotética fundamental, que se caracteriza pelo princípio *pacta sunt servanda*. Assim sendo, tal princípio ocupa o vértice do ordenamento jurídico global. Como consequência, não há de se falar em conflito entre o direito interno (lei) e o direito internacional (tratado), pois sempre prevaleceria este em detrimento daquele, ou seja, o tratado se sobrepõe à ordem jurídica interna.

É a teoria açambarcada pela Convenção de Viena sobre o Direito dos Tratados (1969), ao aduzir, no seu art. 27, que: "Uma parte não pode invocar as disposições de seu direito interno para justificar o inadimplemento de um tratado".

Há uma "incorporação automática" (MAZZUOLI, 2006) do tratado, que passa a ter uma aplicação instantânea e imediata no ordenamento jurídico interno do Estado pactuante.

Desse modo, se eventualmente houver norma interna em sentido contrário, ela certamente perderá a validade, prevalecendo sempre a disposição internacional.

O monismo com supremacia do direito internacional, à guisa de exemplificação, é adotado na França, como expressamente determina a sua Constituição.

b) Monismo com supremacia do direito interno

O maior expoente do monismo com supremacia do direito interno foi Georg Jellinek, eminente juiz e filósofo de origem alemã que estabeleceu a teoria com base no sistema de Georg Wilhelm Friedrich Hegel, que determina a soberania irrestrita e absoluta do Estado.

Dessa forma, a obrigatoriedade do direito internacional advém do direito interno do Estado. Há uma única ordem jurídica, a interna, da qual emana o direito internacional.

O direito internacional, de acordo com esse entendimento, é um "direito estatal externo" (MELLO, 2004), ou seja, "um direito interno que os Estados aplicam na sua vida internacional" (MELLO, 2004).

O fundamento da teoria está na autolimitação estatal, pois, se não há autoridade superior ao Estado, cabe a ele mesmo determinar livremente suas obrigações internacionais e, portanto, é o "juiz único de suas causas" (LITRENTO, 2003).

3.2.2 Posicionamento dos tratados internacionais no ordenamento jurídico brasileiro

No Brasil, a Constituição Federal é não só a lei fundamental, como também suprema do Estado. A sua natureza é normativa, e, assim sendo, nas palavras de Paulo Hamilton Siqueira Júnior (2006), "é uma norma jurídica e sua essência é organizacional, fundamental e fundante".

Desse modo, a Carta de Outubro reina absoluta no nosso ordenamento, devendo ter preferência sobre qualquer disposição convencional.

Em primeiro lugar, é de se destacar que, como regra, o tratado só será considerado como norma a ser seguida no sistema brasileiro, se foi aceito e inserto no ordenamento pelas vias próprias e seguindo o procedimento adequado.

Na condição de validade e vigência no território nacional, "a norma advinda do tratado ou convenção internacional, uma vez internalizada, ocupa posição hierárquica de lei ordinária" (RIZZATTO NUNES, 2009).

Ademais, o Supremo Tribunal Federal analisou a questão da hierarquia dos tratados no direito interno, em 1977, no julgamento do Recurso Extraordinário n° 80.004, e concluiu pelo seu *status* de legislação ordinária (PIOVESAN, 2012).

"A grande maioria dos votos está fundamentada em autores antigos e dualistas, como é o caso de Carl Heinrich Triepel" (MELLO, 2004), que, em 1899, estabeleceu sua doutrina.

A conclusão é por demasiada absurda, pois viola de maneira categórica o disposto no art. 27 da Convenção de Viena sobre o Direito dos Tratados (1969), que dispõe acerca da supremacia do direito internacional sobre o direito interno.

Ademais, um problema maior pode ser verificado: se o tratado internacional possui a mesma hierarquia de lei ordinária, isso significa que, sob o aspecto temporal, tratado internacional posterior pode revogar lei ordinária interna anterior. No entanto, o inverso também é verdadeiro: lei ordinária interna posterior poderá fazer com que um tratado internacional anterior venha a perder sua eficácia no plano interno.

Há doutrina moderna aduzindo que os tratados estão localizados hierarquicamente logo abaixo da Constituição Federal, como uma espécie *sui generis*. No entanto, cuida-se de posição minoritária que, infelizmente, não prevalece.

Foi um grande equívoco do Supremo Tribunal Federal equiparar o tratado com a lei ordinária, pois ele é resultado de um compromisso nas relações exteriores, enquanto ela é uma consequência de deliberação ocorrida no direito interno.

O mesmo não se aplica aos tratados de direitos humanos, em face do disposto no § 3° (acrescido pela Emenda Constitucional n° 45, de dezembro de 2004) do art. 5° da Constituição Federal, que expressamente estatui: "Os tratados e convenções internacionais sobre direitos humanos que forem aprovados, em cada Casa do Congresso Nacional, em dois turnos, por três quintos dos votos dos respectivos membros, serão equivalentes às emendas constitucionais".

Desse modo, é possível verificar que:

> A Constituição de 1988 é explicitamente receptiva ao Direito Internacional Público em matéria de direitos humanos, o que configura uma identidade de objetivos do Direito Internacional e do Direito Público Interno, quanto à proteção da pessoa humana (LAFER, 2005).

Uma vez aprovado pelo quórum qualificado exigido pelo dispositivo *retro* e também pelo art. 60, § 2°, da Constituição Federal, o tratado "terá *status* de emenda e, portanto, será considerado hierarquicamente superior à lei ordinária" (AMARAL, 2006).

Sendo assim, os tratados internacionais de direitos humanos não poderão perder a eficácia por lei ordinária posterior no ordenamento jurídico brasileiro. E, na verdade, nem mesmo por outra emenda constitucional, pois compõem direitos e garantias fundamentais, em conformidade com o art. 5°, § 2°, da Carta de Outubro.

Ora, se os direitos e garantias fundamentais são cláusulas pétreas no corpo da Constituição Federal, também o são quando estão fora dele.

Assim também ocorre com os tratados sobre direitos humanos que não foram aprovados com o quórum qualificado, ou que são anteriores a dezembro de 2004 (data da edição da Emenda Constitucional n° 45).

Em apertada síntese, todos os tratados de direitos humanos, independentemente do quórum ou da época de sua aprovação, pertencem ao "bloco de constitucionalidade", sendo considerados cláusulas pétreas.

Vale dizer, com o advento do § 3° do art. 5°, surgem duas categorias de tratados internacionais de proteção de direitos humanos: a) os materialmente constitucionais; e b) os material e formalmente constitucionais. (...) todos os tratados internacionais de direitos humanos são materialmente constitucionais, por força do § 2° do art. 5°. Para além de serem materialmente constitucionais, poderão, a partir do § 3° do mesmo dispositivo, acrescer a qualidade de formalmente constitucionais, equiparando-se às emendas à Constituição, no âmbito formal (PIOVESAN, 2012).

Os tratados sobre direitos humanos apenas materialmente constitucionais poderão ser objeto de denúncia, o que não poderá ocorrer naqueles que são, ao mesmo tempo, material e formalmente constitucionais.

4

Noções gerais do direito internacional privado brasileiro

4.1 Ordem pública

4.1.1 Conceito

A ordem pública é o reflexo da filosofia sociopolítico-jurídica de toda legislação e que representa a moral básica de uma nação, protegendo as necessidades de um Estado, bem como os interesses essenciais dos sujeitos de direito, constituindo princípio que não pode ser desrespeitado pela aplicação de lei estrangeira.

É importante ressaltar que a ordem pública não é a própria legislação, mas é um "sinônimo de ordem social e abrange todas as manifestações sociais relevantes (...). É o conjunto de normas indispensáveis à convivência nacional e, em razão disso, não admite classificação" (BREGALDA, 2007).

4.1.2 Características

A ordem pública tem como características a **relatividade** e a **instabilidade**, o que significa dizer que ela emana da *mens populi* e varia no tempo e no espaço, variando de um Estado para outro e se alterando de acordo com a evolução dos fenômenos sociais internos.

Outra característica é a **contemporaneidade**, pois a ordem pública é sempre atual, possuindo uma qualidade que obriga o aplicador da lei a atentar para o estado da situação na época em que vai julgar a questão, sem considerar a mentalidade prevalente à época da ocorrência do fato/ato jurídico.

Destaca-se também o **fator exógeno**, que nada mais é do que a influência de elementos externos às normas jurídicas pátrias.

4.2 Fraude à lei

Há fraude à lei no direito internacional privado quando o agente, artificiosamente, altera o fundamento do elemento de conexão para se beneficiar da lei que lhe é mais favorável, em detrimento daquela que seria realmente aplicável.

> Por meio de um ardil que denominamos *legal shopping* ou *law shopping*, ocorrem hipóteses em que uma parte desloca, deliberadamente, o centro de gravidade de uma relação jurídica, de sua sede natural para outra localidade, com o exclusivo objetivo de subtrair-se à lei normalmente aplicável, e colocar-se ao abrigo da lei da jurisdição por ela escolhida (DOLINGER, 2007).

Cuida-se de um abuso de direito.

O art. 6° da Convenção Interamericana sobre Normas Gerais de Direito Internacional Privado, que foi ratificada pelo Brasil e se reflete no Decreto n° 1.979, de 9 de agosto de 1996, estabelece que "não se aplica como direito estrangeiro o direito de um Estado Parte quando artificiosamente se tenham burlado os princípios fundamentais da lei do outro Estado-Parte".

4.3 Reenvio

O reenvio, também denominado retorno ou devolução,

> é o modo de interpretar a norma de direito internacional privado, mediante a substituição da lei nacional pela estrangeira, desprezando o elemento de conexão apontado pela ordenação nacional, para dar preferência à indicada pelo ordenamento alienígena (DINIZ, 2007).

O reenvio é proibido expressa e categoricamente pelo art. 16 da Lei de Introdução às Normas do Direito Brasileiro[1].

E não sem razão dispõe acertadamente a legislação brasileira, que aqui merece aplausos, observado que seria um completo despautério jurídico admitir que um Estado estrangeiro tivesse a possibilidade de estabelecer os contornos espaço-temporais das leis de outro ordenamento jurídico que não o seu.

> É claro que, a respeito do retorno, só pode haver dúvida no silêncio da lei: se esta expressamente ordena, ou o proíbe, está claro que deverá ser obedecida; e onde conceda autonomia da vontade poderão, ou não, as partes adotá-lo, de comum acordo (CASTRO, 2005).

---

[1] Art. 16, LINDB: "Quando, nos termos dos artigos precedentes, se houver de aplicar a lei estrangeira, ter-se-á em vista a disposição desta, sem considerar-se qualquer remissão por ela feita a outra lei".

4.4 Qualificação

"A teoria das qualificações foi desenvolvida pelos juristas Franz Kahn (1861-1904), na Alemanha, em 1891, e Etienne Bartin (1860-1948), na França, em 1897" (RECHSTEINER, 2009).

Qualificar significa adequar um caso concreto a uma especialidade do direito que lhe é pertinente (ex.: família, obrigações etc.), classificando a matéria jurídica e definindo questões principais (ex.: divórcio) e prévias (ex.: regime de bens).

"Se tivermos uma questão de direito internacional privado, é preciso determinar a forma pela qual ela se enquadra no sistema jurídico de determinado país" (STRENGER, 2005).

A qualificação se resume em identificar um fato perante o direito e envolve a determinação da unicidade da situação jurídica em relação ao caso concreto e o estabelecimento da norma de direito internacional privado aplicável.

> A qualificação é um processo técnico-jurídico sempre presente no direito, pelo qual se classificam ordenadamente os fatos da vida relativamente às instituições criadas pela Lei ou pelo Costume, a fim de bem enquadrar as primeiras nas segundas, encontrando-se assim a solução mais adequada e apropriada para os diversos conflitos que ocorrem nas relações humanas (DOLINGER, 2005).

4.5 Questão prévia

Questão prévia é o instituto em que o magistrado, diante do exame de uma questão jurídica principal, deve se expressar antecipadamente sobre outra proemial.

A questão prévia apresenta um elemento de conexão diverso daquele da questão principal.

Não há como julgar a questão principal sem a decisão sobre a chamada questão prévia.

> O princípio cuida da hipótese em que uma questão submetida a juízo, a ser decidida conforme a lei indicada pela competente regra de conexão de foro, depende, para sua solução, de se julgar outra questão, que lhe é preliminar, devendo-se então saber qual direito conflitual decidirá sobre a lei aplicável para esta questão (DOLINGER, 2005).

5

Preceitos do direito internacional privado brasileiro

5.1 Aplicação de direito estrangeiro

É possível a aplicação de lei estrangeira no Brasil.

É importante lembrar que a lei é fonte primária do direito. Não se faz distinção entre lei nacional e estrangeira, pois ambas se encontram no mesmo patamar hierárquico-jurídico. Assim sendo, existem orientações que devem ser seguidas para a sua aplicação e que devem ser observadas a seguir.

A lei a ser aplicada deve levar em consideração a correta subsunção, ou seja, a perfeita adequação entre a norma jurídica abstrata e o caso concreto.

Inicialmente, observa-se que a aplicação de uma lei estrangeira é orientada pela sua invocação por pelo menos uma das partes em um litígio perante o Poder Judiciário. Desse modo, cabe à parte que invocar lei estrangeira trazer aos autos a prova do seu teor e de sua vigência.

Quando for completamente inviável a produção da prova do seu teor e da sua vigência, o juiz brasileiro aplicará o direito nacional, para que o litígio não fique sem solução.

É relevante destacar que o magistrado brasileiro pode, diante de um caso concreto, aplicar, de ofício, a lei estrangeira[1], lembrando que, ao empregá-la, terá em vista o que ela dispõe, desconsiderando qualquer remição por ela feita a outra lei estrangeira[2].

O direito estrangeiro é equiparado ao nacional, sem a antipatia de considerá-lo inferior (DEL'OLMO, 2004).

Ao aplicar o direito estrangeiro, deve-se atentar para o sentido que se lhe dá no país de origem, o que significa respeitar a interpretação doutrinária e jurisprudencial que se produz no país do qual emana a norma jurídica a ser aplicada (DOLINGER, 2005).

Quando o magistrado conhecer o direito estrangeiro e este for o mais adequado ao caso concreto, é seu dever aplicá-lo de ofício, independentemente de alegação por qualquer dos litigantes.

As partes têm liberdade para escolher a lei de regência em contratos internacionais, orientadas pela regra geral de autonomia da vontade em matéria contratual. Há manifestações do Judiciário, do Legislativo e do Executivo que corroboram essa tendência.

No entanto, não prevalecerão as disposições de lei estrangeira que contrariarem a ordem pública brasileira, os bons costumes ou a soberania nacional[3]. Não se pode olvidar que é exigível a ligação da norma com a relação jurídica.

---

[1]   Art. 408, Código Bustamante.
[2]   Art. 16, LINDB.
[3]   Art. 17, LINDB: "As leis, atos e sentenças de outro país, bem como quaisquer declarações de vontade, não terão eficácia no Brasil, quando ofenderem a soberania nacional, a ordem pública e os bons costumes".

O art. 9º da Lei de Introdução às Normas do Direito Brasileiro[4], datada de 1942, é a base das discussões. Aparentemente, tal artigo visa restringir a autonomia privada na escolha da norma jurídica aplicável, em especial, aos contratos internacionais. Entretanto, tal interpretação apresenta ledo engano.

> As limitações à autonomia privada sujeitam-se à reserva legal simples (art. 5º, II, CF[5]), exigindo, pois, previsão legal explícita. Por conseguinte, qualquer restrição à liberdade de escolha do direito aplicável ao contrato internacional também demanda norma legal expressa. Não havendo no ordenamento brasileiro lei que proíba o gozo dessa liberdade, será inconstitucional (e, portanto, inválida) qualquer restrição ao exercício da autonomia da vontade conflitual derivada de uma interpretação extensiva do art. 9º, *caput*, da Lei de Introdução ao Código Civil (TIBURCIO; BARROSO, 2006).

Assim sendo, uma interpretação extensiva e proibitiva do art. 9º, *caput*, da Lei de Introdução às Normas do Direito Brasileiro envolve um sacrifício desproporcional do direito fundamental da autonomia da vontade, em favor de um interesse (aplicação da lei do local da celebração do contrato) que não detém prestígio constitucional.

Estabelece-se, então, que a melhor forma de interpretar esse artigo é concluir que ele se aplica apenas quando o contrato for omisso acerca da lei aplicável.

---

4. Art. 9º, LINDB: "Para qualificar e reger as obrigações, aplicar-se-á a lei do país em que se constituírem".
5. "Ninguém é obrigado a fazer ou deixar de fazer alguma coisa, senão em virtude de lei."

5.2 Reconhecimento da competência internacional em matéria de jurisdição

A competência internacional de um juiz, de um tribunal ou de uma outra autoridade, equiparada ao Poder Judiciário, exercendo regularmente jurisdição, é um dos pressupostos básicos que, de fato, possibilita, no processo, a aplicação das normas de direito internacional privado, cuja função é, essencialmente, a designação do direito aplicável a uma causa de direito privado com conexão internacional (RECHSTEINER, 2009).

A celeuma da restrição da atuação jurisdicional pode ser resolvida de forma categórica, por indicação precisa, quando o ordenamento jurídico indica as causas que serão submetidas ao juiz. Ou, ao contrário, por meio de um sistema de indicação imprecisa, em que um trabalho exegético determinará a extensão jurisdicional.

Aliar os interesses do direito interno com os do direito internacional mostra-se como um assunto controverso a ser arrostado nas relações exteriores, observado que ao Estado compete a elaboração legislativa para a sua atuação judiciária.

No entanto, a multiplicação de relações jurídicas entre os sujeitos de direito internacional, assim como sua recíproca dependência para o alcance de suas finalidades mediante o auxílio mútuo, permitem inúmeras ilações sobre as restrições de extensão jurisdicional dos Estados.

O conceito de competência internacional possui sua base assentada nas normas domésticas do Estado.

São elas que estabelecem em que proporção um Estado exercerá a sua prerrogativa de jurisdição sempre que houver um litígio com conexão internacional sob a análise de um juízo nacional.

Assim sendo, as regras internas do Estado determinarão os pressupostos que oferecem a possibilidade de um magistrado ou tribunal interno conhecer e decidir uma causa com conexão internacional.

5.3 Homologação de sentença estrangeira

A jurisdição é um ato de soberania do Estado e, inicialmente, restringe-se às suas fronteiras territoriais.

Contudo, preceitos de cooperação jurídica internacional orientam que sentenças estrangeiras poderão produzir efeitos em outros lugares.

No entanto, não são todos os Estados que aplicam essa regra. Cuida-se de orientação do direito internacional privado.

Há Estados que não conferem nenhum valor às sentenças estrangeiras[6], outros que aplicam a regra da reciprocidade[7], há aqueles, ainda, que atribuem apenas valor de prova às decisões alienígenas em processos judiciais[8].

O Brasil confere à sentença estrangeira eficácia idêntica à decisão nacional por meio de uma preambular avaliação mediante a qual se verifica a presença de condições essenciais à sua nacionalização.

A nossa legislação corrobora com a afirmativa, ao estabelecer regras para a homologação de sentença estrangeira.

Inicialmente, observe-se o disposto no art. 483, Código de Processo Civil: "A sentença proferida por tribunal estrangeiro não terá eficácia no Brasil senão depois de homologada pelo Supremo Tribunal Federal".

---

6. Como a Holanda, por exemplo.
7. Como a Alemanha e a Espanha, por exemplo.
8. Como a Inglaterra e os Estados Unidos, por exemplo.

Saliente-se, porém, que a homologação é realizada pelo Superior Tribunal de Justiça, em razão da modificação produzida pela Emenda Constitucional n° 45, de dezembro de 2004.

Na mesma toada, apresenta-se o art. 15 da Lei de Introdução às Normas do Direito Brasileiro, que expressamente aduz sobre os requisitos para a execução da sentença estrangeira:

> Será executada no Brasil a sentença proferida no estrangeiro, que reúna os seguintes requisitos: a) haver sido proferida por juiz competente; b) terem sido as partes citadas ou haver-se legalmente verificado à revelia; c) ter passado em julgado e estar revestida das formalidades necessárias para a execução no lugar em que foi proferida; d) estar traduzida por intérprete autorizado; e) ter sido homologada pelo Supremo Tribunal Federal (como citado anteriormente, agora pelo Superior Tribunal de Justiça – art. 105, I, *i*, CF).

5.4 Cooperação judiciária internacional

A administração da acedibilidade à justiça nos Estados está submetida a fatores que observam a necessidade de existência de um acordo global de cooperação judiciária, mormente no que concerne a uma colaboração para uma atividade jurisdicional composta de eficácia e garantida internacionalmente.

Diversas são as configurações relacionadas à produção de um preceito universal de cooperação judiciária internacional, que se acham fundamentalmente instaladas no império das normas do direito internacional consuetudinário e têm sido, hodiernamente, convalidadas em tratados e convenções nas relações exteriores e no ordenamento jurídico dos Estados.

Assim sendo, a cooperação judiciária internacional se baseia nos costumes internacionais que, uma vez reconhecidos nas relações exteriores, vinculam as partes – como uma norma não escrita – e também nos tratados internacionais dos Estados pactuantes.

5.5 Regime de provas nos processos com conexão internacional

> Corolário do regime de justiça pública é que, em regra, o Poder Judiciário tem competência para processar e julgar qualquer causa, nada importando a nacionalidade, ou o domicílio, das partes, ou que o fato a ser julgado haja ocorrido no estrangeiro (CASTRO, 2005).

O regime das provas nos processos com conexão internacional é objeto de diversos tratados internacionais, que tem como objetivo disponibilizar a obtenção de provas em território alienígena.

No Brasil, a Lei de Introdução às Normas do Direito Brasileiro, de 4 de setembro de 1942, pronuncia-se sobre o assunto.

O Código Bustamante, que foi aprovado pelo Brasil pelo Decreto nº 5.647, de 8 de janeiro de 1929, e promulgado pelo Decreto nº 18.871, de 13 de agosto de 1929, delineia alguns dispositivos sobre o tema (arts. 398 a 411).

Nesse aspecto, convém destacar que o referido diploma aduz que a forma por meio da qual há de se produzir a prova regula-se pela lei vigente no local em que ela foi feita e a sua apreciação depende da lei do julgador.

Infelizmente, o diploma possui pouca eficácia no Brasil, preferindo os magistrados a aplicação da Lei de Introdução às Normas do Direito Brasileiro.

Atualmente, existe uma tendência geral dos países a simplificar o processo da colheita de provas no seu terriório, com a consequência da internacionalização da vida privada internacional. O Brasil também acolhe um razoável número de tratados bilaterais sobre o assunto (JO, 2001).

6

Nacionalidade: noções gerais e regras do direito brasileiro

6.1 Nacionalidade dos seres humanos

6.1.1 A nacionalidade dos seres humanos e a existência de um Estado

Para que se possa falar em nacionalidade, é essencial a presença de um Estado.

O Estado capaz de promover tratados deve ter elementos mínimos para a sua existência, três deles objetivos, que são fundamentais, e um subjetivo, que não é essencial, por não ser propriamente constitutivo.

6.1.1.1 Elementos objetivos

a) **Território:** é o elemento objetivo espacial, físico. Deve haver uma base territorial, ou seja, um campo abrangido por delimitação de determinada área geográfica da superfície terrestre, "em que se fixa uma jurisdição, ou se estabelece uma unidade administrativa" (SILVA, 1998) no qual o Estado desempenha, de forma contínua a sua soberania.

b) **Governo soberano**: é o elemento objetivo político. Assim sendo, caracteriza-se como tal uma estrutura política com estabilidade, que conserva a ordem no plano interno e representa o Estado nas relações exteriores.

c) **Povo**: é o elemento objetivo pessoal, humano. São pessoas que vivem no Estado de forma permanente, ligadas a ele pelo vínculo jurídico da nacionalidade.

Não é possível confundir povo com nação, que é a coacervação de pessoas por idênticas tradições e costumes, aliadas por laços históricos, culturais, econômicos e, geralmente, unidas pelo mesmo idioma.

Não se deve misturar também ao conceito de população, que é demográfico e determina o conjunto de pessoas que habitam uma base territorial, sem distinção entre nacionais e estrangeiros.

6.1.1.2 Elemento subjetivo

- **Recognição plena de sua existência**: o reconhecimento pleno da existência de um Estado pelos seus pares e demais sujeitos de direito internacional público não é um elemento essencial, mas apenas complementar para a sua configuração. O melhor exemplo é verificado no caso de Taiwan, que, apesar de não ser aceito como Estado por muitos, afigura-se como tal nas relações extrínsecas ao seu direito interno.

6.1.2 Conceito de nacionalidade dos seres humanos

A nacionalidade dos seres humanos é a qualidade que caracteriza o intrínseco liame jurídico-político, que conecta uma pessoa a um Estado, habilitando-a a reivindicar sua proteção mediante o pleno exercício de seus direitos e o cumprimento de todos os deveres que lhe forem determinados.

Por meio dessa qualidade, estabelecem-se princípios jurídicos que devem ser empregados quando as pessoas forem agentes de atos relevantes para o direito, bem como suas consequências.

Do conceito anteriormente descrito,

> podem ser extraídas duas dimensões da nacionalidade: a) uma vertical, que liga o indivíduo ao Estado a que pertence (dimensão jurídico-política); e b) uma horizontal, que faz desse indivíduo um dos elementos que compõem a dimensão pessoal do Estado, integrando-o ao elemento povo (dimensão sociológica) (MAZZUOLI, 2006).

Não se deve confundir nacionalidade com cidadania.

> Entre nós a distinção é clara e praticamente aceita por todos os autores, no sentido de que a nacionalidade é o vínculo jurídico que une, liga, vincula o indivíduo ao Estado e a cidadania representa um conteúdo adicional, de caráter político, que faculta à pessoa certos direitos políticos, como o de votar e ser eleito.

> A cidadania pressupõe a nacionalidade, ou seja, para ser titular dos direitos políticos, há de se ser nacional, enquanto o nacional pode perder ou ter seus direitos políticos suspensos (art. 15, CF), deixando de ser cidadão (DOLINGER, 2005).

A capacidade política é um pressuposto da cidadania.

6.1.3 Critérios de atribuição de nacionalidade dos seres humanos

Inicialmente, é importante esclarecer que se utiliza aqui, diferentemente de parte da doutrina, a expressão "atribuição", e não "aquisição" de nacionalidade. Isso porque se considera que uma pessoa não "adquire" uma nacionalidade, mas que esta é "atribuída" pelo Estado. Observe-se que não basta o ato unilateral de um indivíduo para que ele possa ser considerado nacional de um Estado. É necessário que, uma vez preenchidos os requisitos internos, o Estado atribua a nacionalidade à pessoa.

Tendo essa informação preliminar, deve-se saber que existem diferentes instantes e diversas maneiras para a adequada atribuição de determinada nacionalidade.

Faz-se uma distinção entre nacionalidade originária ou primária, atribuída no instante do nascimento, e nacionalidade derivada ou secundária, atribuída em outro momento posterior.

A nacionalidade originária ou primária se demonstra mediante dois critérios incidentes no instante do nascimento do ser humano: *ius soli* e *ius sanguinis*.

Já a derivada ou secundária observa o *ius domicilii*, o *ius laboris* e o *ius communicatio*.

As formas de atribuição de nacionalidade variam entre os Estados, mas, em qualquer deles, não depende da vontade do indivíduo a atribuição da nacionalidade primária, que decorre da ligação do fato natural do nascimento com um critério estabelecido pelo Estado. Já a atribuição da nacionalidade secundária depende da manifestação volitiva da pessoa (SILVA, 2006).

6.1.3.1 Ius soli

Mediante este critério de origem territorial, a nacionalidade originária se estabelece pelo lugar do nascimento, independentemente da nacionalidade dos pais.

É adotado no Brasil e demais Estados americanos, bem como no continente africano, pois cuidam-se de países de imigração, que consideraram plenamente adequado incluir os descendentes dos imigrantes à nova nacionalidade, com o fim de evitar o crescimento de comunidades alienígenas que se perpetuariam se fosse perfilhado o critério do *ius sanguinis*.

6.1.3.2 Ius sanguinis

Trata-se de um critério de filiação, pois a nacionalidade originária é atribuída de acordo com a nacionalidade dos pais, independentemente do local de nascimento.

É adotado sobretudo no continente europeu, pois cuidam-se de países de emigração, que consideraram plenamente adequada a atribuição aos descendentes dos seus nacionais, com o fim de evitar a redução de sua população, pois a saída para outros países não importará em diminuição dos integrantes da nacionalidade.

Não importa o fato de os pais terem alterado posteriormente a nacionalidade, pois o critério se fundamenta na nacionalidade que tinham os progenitores à época do nascimento do filho.

6.1.3.3 Ius domicilii

Trata-se de um critério de domicílio, pois a nacionalidade derivada é atribuída a uma pessoa observando-se o local onde

Direito Internacional Privado

ela se considera estabelecida, com ânimo definitivo, para os efeitos legais.

Para a atribuição da nacionalidade com a aplicação deste critério, o Estado pode, como ordinariamente faz, estatuir certo lapso temporal de domicílio em seu território, ou seja, estabelecer tempo determinado.

No ordenamento jurídico brasileiro, por exemplo, o art. 12, II, *b*, da Constituição Federal aduz acerca da atribuição de nacionalidade aos estrangeiros que estabelecerem domicílio no Brasil por mais de 15 anos ininterruptos e sem condenação penal, desde que a requeiram. A mesma regra aparece na alínea *a* aos originários de países de língua portuguesa, porém o lapso temporal é de apenas um ano.

No Brasil, portanto, a nacionalidade derivada é atribuída mediante processo voluntário de naturalização.

Além dos requisitos retromencionados, o certificado de naturalização, como regra geral, apenas será entregue ao naturalizado que, em audiência na Justiça Federal, provar conhecer a língua portuguesa, renunciar expressamente à nacionalidade anterior e assumir o compromisso de bem cumprir os deveres de brasileiro.

6.1.3.4 Ius laboris

Pelo *ius laboris*, há atribuição da nacionalidade em face da prestação de serviço por uma pessoa em favor do Estado. Trata-se de um componente que oferece condições para auxiliar a obtenção da naturalização.

6.1.3.5 Ius communicatio

Cuida-se da atribuição de nacionalidade pelo casamento. Cada Estado estabelece suas regras sobre o assunto, bem como sobre a possibilidade da outorga da nacionalidade sob esse critério.

Salienta-se que nunca se deve estender a nacionalidade de um cônjuge a outro contra a sua vontade.

A anuência daquele a quem é atribuída a nacionalidade é essencial para a configuração de respeito do Estado aos direitos humanos na seara das relações exteriores, pois, caso contrário, estar-se-ia violando um aspecto volitivo do indivíduo, o que acabaria por macular um direito que lhe é personalíssimo.

6.2 Condição jurídica do estrangeiro

Os povos antigos discriminavam as pessoas que não pertenciam ao seu território.

Estrangeiro é o vocábulo derivado do latim *extraneus*, de *extra*, que signifca *de fora*.

Assim, aqueles considerados *de fora* de determinado território tinham não apenas tratamento diferenciado, mas eram efetivamente considerados como elementos de um grupo à parte da sociedade.

O estrangeiro, também chamado adventício, era aquela pessoa que, nascida em outro Estado, simplesmente permanecia em território alienígena, mantendo sua primitiva nacionalidade.

No entanto, de acordo com seus próprios interesses, os Estados foram modificando suas legislações para conceder aos estrangeiros a possibilidade de participação nas suas sociedades.

Nas Américas, o desenvolvimento jurídico do tema foi substancial.

Tendo recebido pessoas de praticamente todos os demais continentes, sua receptividade ao estrangeiro foi salutar.

Houve a determinação de uma igualdade de direitos entre nacionais de um Estado e estrangeiro, no que se refere à segurança individual e à liberdade.

Na Europa, por outro lado, a evolução legislativa foi muito mais lenta, observando-se a presença de algumas regras discriminatórias inclusive nos dias atuais.

A imigração tem importância universal e é matéria de competência interna dos Estados.

Desse modo, nenhum Estado pode ser obrigado a admitir estrangeiros em seu território.

Contudo, hodiernamente, não há vedação de cunho pleno para a alteração de domicílio e transferência de um indivíduo de um território para outro.

Todavia, é salutar lembrar que existem regras para a aceitação de estrangeiros em outros locais, de acordo com as condições determinadas por cada Estado.

É uma característica de sua soberania o poder de estabelecer normas para a manifestação do consentimento no ingresso de pessoas de nacionalidades diversas.

No Brasil, é permitida a entrada, a permanência e até o domicílio do adventício em território nacional. Entrementes, são estabelecidas determinadas condições.

6.2.1 Condição jurídica do estrangeiro no Brasil

Historicamente, o Brasil sempre foi receptivo à admissão de estrangeiros em seu território.

Em alguns momentos, a restrição foi menor, em outros maior, mas jamais houve uma proibição absoluta do ingresso do adventício.

Em 1808, Dom João VI decretou a abertura dos portos, com um consequente estímulo à imigração.

Na Constituição brasileira de 1824, estabeleceu-se a liberdade de trânsito em território nacional, sem nenhuma restrição ao estrangeiro.

A Constituição de 1891 foi ainda mais longe, permitindo o ingresso e a saída de qualquer pessoa independentemente de passaporte, o que foi retificado pela Emenda Constitucional de 1926.

Já a Carta Magna de 1934 estabeleceu limites percentuais, denominados cotas, para o ingresso de adventícios no Brasil, que foram mantidos também na Constituição de 1937.

Em 1946, a Constituição pátria restabeleceu a regra de liberdade de ingresso, sendo a norma repetida na Carta de 1967 e na Emenda Constitucional n° 1, de 1969.

A Carta de Outubro de 1988 tem idêntico preceito, determinando que eventuais restrições serão estabelecidas pela União, que tem a competência para legislar sobre o assunto.

Atualmente, o diploma infraconstitucional que rege o tema é Lei de Migração (Lei n° 13.445, de 24 de maio de 2017).

6.3 Refugiados

Refugiado é aquela pessoa que, em face de fundados temores motivados por perseguição racial, religiosa, política ou criminal no território de seu Estado de origem, procura asilo ou refúgio em outro com a finalidade de nunca ser molestado.

A perseguição também pode ocorrer porque o nacional se vinculou a determinado grupo social ou ideológico.

Como regra, as pessoas podem depositar sua confiança nos governos de seus Estados para a garantia e a proteção dos direitos humanos. No que é pertinente aos refugiados, no entanto, o Estado de origem não tem capacidade suficiente para cumprir suas atribuições.

Assim, o refugiado se encontra nessa condição não por sua própria vontade, mas pela ausência do Estado em proporcionar um conjunto de medidas na defesa e na asseguração da manutenção da integridade de seus direitos fundamentais.

No Brasil, a condição do refugiado é regulada pela Lei n° 9.474/1997, que estabelece expressamente que não desfrutarão dessa qualidade aqueles que tenham cometido crime contra a paz, crime de guerra, crime contra a humanidade, crime hediondo, participado de atos terroristas ou de tráfico de drogas.

Ao refugiado é possível a concessão de asilo político.

> Essa forma de admissão do estrangeiro pode ser exercida de duas maneiras: (I) asilo diplomático: proteção conferida ao estrangeiro nas embaixadas, nos navios ou acampamentos militares, nas aeronaves governamentais etc.; (II) asilo territorial: perfaz-se no próprio território do Estado que concede a proteção (AMARAL, 2006).

Porém, ressalta-se que nem todo refugiado é asilado político.

6.3.1 Asilo político

A Constituição Federal brasileira prevê a hipótese de concessão de asilo político como um dos princípios que regem as relações exteriores do Brasil, no art. 4°, inciso X.

O asilo político é caracterizado pela recepção de estrangeiro em território nacional, a seu requerimento, sem a exigência das condições regulares para a sua entrada, para impedir a aplicação de sanção ou perseguição no seu Estado de origem em face da sua prática de crime de caráter político ou de natureza ideológica.

É uma prerrogativa do Estado que concede o asilo político "a classificação da natureza do delito e dos motivos da perseguição. É razoável que assim seja, porque a tendência do Estado do asilado é a de negar a natureza política do delito imputado e dos motivos da perseguição, para considerá-la comum" (SILVA, 2006).

Verifica-se que todo Estado tem o direito de conceder asilo, porém nunca se encontra compelido a conferi-lo, nem mesmo a anunciar os motivos pelos quais se recusa a recebê-lo.

O asilado que desejar sair do Brasil e nele reingressar sem renúncia à sua condição deverá obter autorização prévia do ministro da Justiça.

É possível verificar

> que na conexão do direito de asilo como expressão dos direitos humanos se nota uma tendência do Estado a apresentar-se como meio para realizar as finalidades do homem, ao passo que o instituto do asilo, no direito internacional, apresentar-se-á como instrumento para garantia dos direitos essenciais do homem (D'ANGELIS, 2006).

6.4 Saída compulsória de estrangeiros

6.4.1 Por iniciativa alienígena

6.4.1.1 *Extradição*

a) Conceito

Extradição é a entrega de refugiado, acusado, criminoso ao governo estrangeiro que o exige em seu próprio Estado para o julgamento de um delito ou cumprimento de uma pena.

O instituto da extradição é talvez a forma mais avançada e eficiente de combate ao crime no plano internacional. Ele evita a impunidade daqueles que atravessam a fronteira estatal. Trata-se de um instituto de construção lenta e ainda não acabada (TIBURCIO; BARROSO, 2006).

A extradição poderá ser ativa ou passiva. É considerada ativa quando observada pelo prisma de quem elabora o requerimento de extradição. É será passiva quando vista pelo ângulo de quem recebe o pedido de extradição.

b) Condições básicas para a extradição, no Brasil

Para que ocorra a extradição, algumas condições devem ser preenchidas. Sem a presença delas, o instituto dificilmente se aperfeiçoará.

Destaca-se que a extradição exige como pressuposto a existência de um processo penal.

Deve existir entre o Brasil e o país requisitante tratado ou compromisso de reciprocidade que legitime a extradição.

A extradição é vedada ao brasileiro nato e possível, em casos específicos, ao naturalizado[1]. Desse modo, conclui-se que é a regra para os estrangeiros, exceto por crime político ou de opinião[2].

O delito deve ter sido o crime cometido no território do Estado requerente ou serem aplicáveis ao extraditando as leis penais daquele Estado e existir sentença final de privação de

---

[1] Art. 5º, LI, CF.
[2] Art. 5º, LII, c/c art. 4º, X, CF.

liberdade, ou estar a prisão do extraditando autorizada por juiz, tribunal ou autoridade competente do Estado requerente.

Obedecer-se-á ao princípio da dupla tipicidade, ou seja, o fato deve ser típico, antijurídico e culpável no Estado requerente e no requerido.

A pena máxima cominada em abstrato no Brasil deve ser superior a um ano, não podendo o delito estar prescrito no Estado requerente ou no requerido.

A extradição não se aperfeiçoará se o criminoso estiver a responder a processo ou já houver sido condenado/absolvido no Brasil pelo mesmo fato que se fundar o pedido.

Também não ocorrerá se o indivíduo tiver de responder pelo crime, no Estado requerente, perante Tribunal ou Juízo de Exceção.

Se houver a previsão de pena de morte ou perpétua no Estado requerente, deve existir o seu compromisso de comutação para privativa de liberdade.

A competência para processar e julgar o requerimento de extradição elaborado por outro Estado é exclusiva do plenário do Supremo Tribunal Federal[3], que se pronunciará adequadamente sobre a legalidade e procedência do pedido.

c) Extradição e Tribunal Penal Internacional

O art. 89, § 1°, do Estatuto de Roma prevê a hipótese de detenção e entrega de pessoa ao Tribunal Penal Internacional.

Por outro lado, o art. 5° da Constituição Federal brasileira, nos seus incisos LI e LII, proíbe a extradição passiva de brasileiro nato, possibilitando a do naturalizado, em casos específicos, e a do estrangeiro.

[3.] Art. 102, I, *g*, CF.

"A extradição é um processo de natureza constitutiva que forma o título pelo qual o presidente da República está legitimado, mas não obrigado a entregar o requisitado ao país requisitante" (CHIMENTI, 2005) para que lá responda a processo penal ou cumpra pena.

Extradição passiva, objeto da presente análise, é aquela que se requer ao Brasil a entrega de refugiado, acusado ou criminoso, por parte dos Estados soberanos. Há também a extradição ativa, que é a requerida pelo Brasil a outros Estados soberanos.

O ato da entrega, mencionado pelo Estatuto de Roma, é diferente da extradição, pois aquele se procede entre Tribunal Internacional e Estado soberano.

Observe-se que a extradição se regula pelas leis internas e que o pedido se procede entre Estados, de forma horizontal, sendo que cada um se reserva ao exercício da sua jurisdição nos seus respectivos territórios.

Ademais, enquanto na extradição o indivíduo será julgado pelo tribunal de outro Estado, do qual o Brasil não participou da formação; na entrega, a pessoa será julgada pelo Tribunal Penal Internacional, que contou com a participação brasileira na sua construção jurídica.

Entrega é, como se pode verificar, diferente de extradição, conforme aduz o art. 102 do Estatuto de Roma:

> Para os fins do presente Estatuto: a) Por "entrega", entende-se a entrega de uma pessoa por um Estado ao Tribunal nos termos do presente Estatuto; b) Por "extradição", entende-se a entrega de uma pessoa por um Estado a outro Estado conforme previsto em um tratado, em uma convenção ou no direito interno.

"Portanto, a entrega de nacionais do Estado ao Tribunal Penal Internacional, estabelecida pelo Estatuto de Roma, não fere o direito individual da não extradição de nacionais" (MAZZUOLI, 2005).

6.4.2 Por iniciativa do próprio Estado

6.4.2.1 Expulsão

A expulsão é uma forma coativa de se remover um estrangeiro do território nacional, em face da prática de um crime, uma infração ou de atos que o tornem inconveniente aos interesses sociais, com a finalidade de defesa e conservação da ordem interna e/ou das relações internacionais.

Além do mais, também é passível de expulsão o estrangeiro que, de qualquer forma, atentar contra a segurança nacional, a ordem política ou social, a tranquilidade ou moralidade pública e a economia popular.

No Brasil, não se procederá à expulsão quando a medida configurar extradição inadmitida pela legislação brasileira, ou ainda quando o expulsando:

- tiver filho brasileiro que esteja sob sua guarda ou dependência econômica ou socioafetiva ou tiver pessoa brasileira sob sua tutela;
- tiver cônjuge ou companheiro residente no Brasil, sem discriminação alguma, reconhecido judicial ou legalmente;
- tiver ingressado no Brasil até os 12 (doze) anos de idade, residindo desde então no País;
- for pessoa com mais de 70 (setenta) anos que resida no País há mais de 10 (dez) anos, considerados a gravidade e o fundamento da expulsão (art. 55, Lei n° 13.445/2017).

A expulsão não é uma sanção, mas uma medida de caráter administrativo, utilizada para a proteção do Estado, como manifestação de sua soberania, visando à sua proteção.

Assim sendo, não cabe ao Poder Judiciário examinar a conveniência e oportunidade de ato do Poder Executivo consistente na expulsão de estrangeiro, cuja permanência no país é indesejável e inconveniente à ordem e segurança públicas.

Uma vez expulso, o estrangeiro poderá retornar ao território nacional após o período de duração do impedimento de reingresso.

6.4.2.2 Deportação

A deportação é uma forma de devolver o estrangeiro ao exterior, por iniciativa das autoridades locais, mediante sua saída compulsória para o país de origem ou outro que consinta recebê-lo, quando ele entrar ou permanecer irregularmente em solo nacional e não se retirar voluntariamente, não decorrendo da prática de crime em qualquer território.

Nos casos de entrada ou estada irregular, o estrangeiro, notificado pelo Departamento de Polícia Federal, deverá retirar-se do território nacional nos prazos fixado.

Descumpridos os prazos fixados, o Departamento de Polícia Federal promoverá a imediata deportação do estrangeiro.

"A Constituição de 1988 estabeleceu no art. 109, X, a competência dos juízes federais para processar e julgar os crimes de ingresso ou permanência irregular de estrangeiro" (DOLINGER, 2005).

A deportação consiste na saída compulsória do estrangeiro, sendo admitida na forma da lei, e não será promovida nos casos em que implique extradição inadmitida pela lei brasileira. Deve-se distinguir a deportação do impedimento.

Com o impedimento, o estrangeiro nem entrará no território nacional nas hipóteses em que existir passaporte irregular, inválido ou sem o visto necessário, sendo ele devidamente impossibilitado de ultrapassar a barreira policial da fronteira.

Tanto no caso do impedimento quanto na hipótese da deportação, uma vez regularizada sua situação, o estrangeiro poderá, se desejar, retornar ao território nacional.

6.5 Nacionalidade das coisas

> Todo o substrato social e histórico do instituto da nacionalidade tende a apontar, de modo inequívoco, apenas o ser humano como seu titular. É por extensão que se usa falar em nacionalidade das pessoas jurídicas, e até mesmo em nacionalidade das coisas (REZEK, 2008).

Na prática, todavia, a expressão é utilizada sem distinção para pessoas ou coisas. "A atribuição da nacionalidade a bens é uma competência do Estado onde se localizam esses bens, conforme critérios próprios" (VARELLA, 2009).

A nacionalidade dos navios, por exemplo, advém da imprescindibilidade de regulamentação do fluxo internacional de mercadorias e de responsabilização dos seus proprietários por eventuais danos ao meio ambiente, às pessoas e aos Estados.

O art. 91 da Convenção das Nações Unidas sobre o Direito do Mar, celebrada em Montego Bay, na Jamaica, em 10 de dezembro de 1982, tendo sido ratificada pelo Brasil em 22 de dezembro de 1988 e promulgada pelo Decreto n° 1.530/1995, estabelece que a nacionalidade do navio é aquela de cuja bandeira esteja autorizado a arvorar.

Já a nacionalidade das aeronaves civis é determinada pela Convenção sobre Aviação Civil Internacional, celebrada em Chicago, nos Estados Unidos, em 7 de dezembro de 1944, tendo sido ratificada pelo Brasil em 26 de março de 1946 e promulgada pelo Decreto n° 21.713. Os arts. 17 e 18 estabelecem que as elas terão a nacionalidade do Estado em que estejam registradas e que nenhuma aeronave poderá registrar-se legalmente em mais de um Estado.

Com a fantástica viagem dos astronautas estadunidenses Edwin Eugene Aldrin Junior, Neil Alden Armstrong e Michael Collins à Lua com a nave Apollo 11 e desembarque dos dois primeiros no satélite natural da Terra em 10 de julho de 1969, houve a necessidade de se estabelecer a nacionalidade dos objetos espaciais, o que se fez com a Convenção sobre a Matrícula de Objetos Lançados no Espaço Extra-atmosférico, de 14 de janeiro de 1975.

O art. 2°, § 1°, estatui a atribuição da nacionalidade pelo Estado que realizou o lançamento, obrigando-o a inscrevê-lo num registro adequado e informar o Secretário-Geral da Organização das Nações Unidas da criação desse registro.

6.6 Decorrências constitucionais da nacionalidade dos seres humanos e das pessoas jurídicas

As decorrências constitucionais da nacionalidade dos seres humanos[4] são evidentes, já que a Carta Magna brasileira expressamente menciona os critérios de atribuição[5], a

---

4. Ver item 6.1, *retro.*
5. Ver item 6.1.3, *retro.*

condição jurídica do estrangeiro no Brasil[6], a concessão de asilo político[7], dentre outros assuntos.

Daí analisar-se que "a regra de que todos os homens são iguais perante a lei não significa que todos tenham direitos iguais, ou direito às mesmas coisas, mas que todos os direitos da mesma espécie são iguais entre pessoas diversas" (CASTRO, 2005).

À guisa de exemplificação, a própria Constituição Federal, no seu art. 12, § 2°, estabelece tratamento diferenciado entre brasileiros natos e naturalizados[8].

Já no que se refere às pessoas jurídicas, as decorrências constitucionais não são tão evidentes, observado que a Carta de Outubro nada menciona expressamente sobre sua nacionalidade, deixando tal responsabilidade à legislação infraconstitucional.

No âmbito do direito internacional, um Estado pode utilizar um dos critérios para outorgar a nacionalidade às pessoas jurídicas: o local da sede principal dos negócios, a nacionalidade dos acionistas controladores da pessoa jurídica, um sistema misto, unindo os dois critérios anteriores, e também o lugar da constituição da pessoa jurídica.

No Brasil, conforme o art. 11 da Lei de Introdução às Normas do Direito Brasileiro[9], o critério utilizado é o do lugar da constituição da pessoa jurídica.

> O critério da lei do lugar da constituição é o mais adequado por ser o local onde a pessoa jurídica se formou,

---

[6]. Ver item 6.2.1, *retro*.
[7]. Ver item 6.3.1, *retro*.
[8]. Art. 12, § 2°, CF: "A lei não poderá estabelecer distinção entre brasileiros natos e naturalizados, **salvo nos casos previstos nesta Constituição**" (grifo nosso).
[9]. Art. 11, LINDB: "As organizações destinadas a fins de interesse coletivo, como as sociedades e as fundações, obedecem à lei do Estado em que se constituírem".

obedecendo às formalidades legais que lhe dão existência. A pessoa jurídica submeter-se-á à lei do Estado em que se constituir, que irá determinar as condições de sua existência ou do reconhecimento de sua personalidade jurídica (DINIZ, 2007).

7

Direito do comércio internacional

7.1 Contratos internacionais

7.1.1 Conceito e características

"O contrato é o instrumento pelo qual se celebra um acordo de vontades acerca de determinado objeto. Nele as partes estipulam regras a que ficam subordinadas, criando, assim, direitos e obrigações" (BREGALDA, 2007).

Contratos internacionais são aqueles que possuem intrínseco vínculo com mais de um sistema jurídico, transfixando duas, ou mais, jurisdições internacionais.

Eles possuem elementos que compõem um acordo de vontades bilateral ou plurilateral, com o fim de adquirir, resguardar, transferir, modificar, conservar ou extinguir direitos.

Os elementos podem ser a localização do estabelecimento das partes, a moeda utilizada, a procedência ou o destino dos bens, a nacionalidade, o domicílio, o local de celebração, a situação do objeto do contrato, o local de sua execução.

Assim,

> um contrato torna-se internacional quando pactuado entre mais de um Estado soberano, o que traz como consequência ser regido por mais de uma ordem jurídica – é o que se chama de elemento de estraneidade, diverso do que ocorre com os contratos internos, regidos apenas pela lei de um Estado (BREGALDA, 2007).

É importante destacar que o contrato é o acordo de vontades e não o instrumento que o forma, que é simples meio de prova da sua existência e de suas condições.

Os aspectos gerais dos contratos internacionais estão relacionados à tentativa de uniformização do direito contratual.

Atualmente, há inúmeros modelos contratuais que têm por objetivo oferecer meios de minorar as incertezas entre os contratantes, com a finalidade de evitar a violação das obrigações internacionalmente firmadas.

Nessa toada, existe a necessidade premente de formação de contratos internacionais que possam garantir o cumprimento das prestações nas obrigações decorrentes das relações constituídas.

Tudo, independentemente de eventuais diferenças, com a devida valorização dos negócios internacionais.

Os contratos internacionais exigem a observância de suas condições peculiares e autônomas, sempre respeitando as normas civis e mercantis dos Estados de origem dos pactuantes, bem como a liberdade contratual.

Há no contrato internacional ao menos um elemento de estraneidade, que o conecta a mais de um sistema jurídico, vinculando-o a dois ou mais ordenamentos.

7.1.2 Princípios contratuais internacionais

Os contratos internacionais são regidos por princípios que são considerados essenciais para o direito internacional privado.

São proposições de caráter geral com papel fundamental no desenvolvimento das relações comerciais e das quais outras regras poderão ser derivadas.

O princípio *pacta sunt servanda* é característico das relações contratuais internacionais, pois estabelece que os contratos livremente constituídos devem ser fielmente cumpridos, desde que não haja ofensa à ordem pública, aos bons costumes e à soberania nacional[1].

Em conformidade com o princípio da ordem pública[2], os contratos internacionais possuem validade no direito interno dos Estados e no âmbito das relações exteriores, desde que não exista nenhuma afronta às suas específicas delimitações.

Já o princípio da autonomia da vontade, que tem por base o elemento de conexão *lex voluntatis*, determina que os pactuantes podem celebrar seus interesses de natureza particular, com autorização para elaborar novas formas, modelos, cláusulas e modalidades contratuais, com fundamento nas normas de direito internacional privado.

---

[1] Art. 17, LINDB: "As leis, atos e sentenças de outro país, bem como quaisquer declarações de vontade, não terão eficácia no Brasil, quando ofenderem a soberania nacional, a ordem pública e os bons costumes".

[2] Sobre ordem pública, ver tópico 4.1, *retro*.

Dentro dessa perspectiva, as partes podem escolher a norma jurídica aplicável aos seus contratos, bem como optar pelo órgão jurisdicional competente para o julgamento de suas contendas.

Todavia, a autonomia da vontade possui restrições de ordem pública que estejam em vigor no território dos Estados em relação aos quais o contrato internacional produzirá seus efeitos.

7.1.3 Elementos contratuais internacionais

São elementos contratuais internacionais a capacidade das partes; o objeto lícito, possível e suscetível de apreciação econômica; e a forma prevista ou não defesa em lei.

A **capacidade das partes** é um elemento muito importante para os contratos internacionais, pois, se a vontade é um pressuposto fundamental para a existência dos atos jurídicos, o potencial jurídico para manifestá-la também.

Assim sendo, a vontade declarada por incapaz pode tornar o negócio jurídico nulo ou anulável, dependendo do grau de incapacidade (relativa ou absoluta) do indivíduo.

O **objeto deve ser lícito, possível e suscetível de avaliação econômica.**

Lícito é o objeto que é tolerado pela ordem pública, pelos bons costumes e pelo ordenamento jurídico.

Possível é aquele apto a figurar como imagem central de uma relação jurídica.

A suscetibilidade de avaliação econômica se configura pelo complexo de direitos ou de relações jurídicas apreciáveis em dinheiro ou com um valor econômico, em qualquer aspecto em que seja tido, isto é, como valor de troca, de uso ou como um interesse.

A **forma prevista ou não defesa em lei** é aquela previamente determinada pela legislação dos Estados, ou que não seja proibida por qualquer dos ordenamentos.

A forma dos negócios jurídicos pode ser determinada pela lei interna dos Estados ou pelos interessados, de maneira autônoma, desde que não afronte as disposições legais.

7.1.4 Particularidades nos contratos internacionais

Os contratos internacionais possuem determinadas particularidades que, em uma análise perfunctória, os diferenciam daqueles que são elaborados no âmbito do direito interno dos Estados.

Tais minudências trazem aos contratos internacionais características distintivas que lhes são inerentes.

O **alcance** de um contrato internacional será necessariamente extraterritorial, pois conecta-se com região alienígena. Isso ocorre ainda que as partes tenham a mesma nacionalidade.

A **submissão** contratual é outra particularidade importante, pois a relação entre as partes sempre atinge mais de uma legislação e/ou mais de uma jurisdição.

A **arbitragem** está presente na esmagadora maioria dos contratos internacionais, seja por meio de cláusula arbitral ou compromisso arbitral. Isso ocorre porque, apesar de não existir norma internacional exigindo a presença da arbitragem nos contratos internacionais, as partes estão vinculadas pelo costume[3] nas suas relações comerciais.

---

3.   Ver item 3.1.3, *retro*.

Ao contrário do que ocorre no direito interno, se o costume for internacionalmente reconhecido, ele vincula as partes, independentemente da manifestação do consentimento (MALHEIRO, 2008).

A cláusula arbitral nada mais é senão um artigo inserido no contrato, em que estão delineadas, sucintamente, as regras para a aplicação da arbitragem na hipótese de uma celeuma jurídica entre as partes.

Já o compromisso arbitral é um verdadeiro contrato acessório firmado visando à arbitragem como forma de solução de eventuais conflitos entre os pactuantes do contrato principal.

O **idioma** também é uma particularidade do contrato internacional, pois ele pode ser escolhido pelos pactuantes.

Observando o costume internacional, as partes podem escolher apenas um idioma comum, que é utilizado igualmente pelos contratantes. Ex.: num contrato internacional entre uma empresa brasileira e outra portuguesa, os pactuantes escolhem o português como única língua para aplicar ao contrato.

Da mesma forma, podem as partes escolher um terceiro idioma, diverso da língua de origem delas. Acompanhando o exemplo anterior, as partes resolveram optar pelo inglês.

Não existe nenhuma vedação na possibilidade de escolha de mais de um idioma.

No entanto, se as partes o fizerem, deverão elaborar a cláusula-modelo, em que deve ser feita a opção pelo idioma que deve prevalecer, em caso de dúvida sobre as disposições contratuais.

Na mesma toada do exemplo retromencionado, as partes escolheram os idiomas português, espanhol e inglês para aplicar ao contrato; ao elaborar a cláusula-modelo, optaram pelo inglês, na hipótese de dúvida.

O **registro para validade no Brasil** passa a ser uma particularidade porque a consularização brasileira é forma de nacionalização do contrato, em que se exige a tradução juramentada, constituindo uma versão oficial do instrumento. Deve haver o reconhecimento da firma do tradutor juramentado e o efetivo registro no cartório de títulos e documentos, para valer contra terceiros.

Destaca-se, no entanto, que, para ter validade apenas entre as partes, o contrato internacional não precisa de registro.

No que se refere às **testemunhas**, seguem-se as regras ordinárias na elaboração do contrato internacional, sendo exigível a presença de, pelo menos, duas pessoas.

7.1.5 Componentes de formação do contrato internacional

O contrato internacional, além das particularidades retromencionadas, possui, na sua formação, alguns componentes que conferem confiança jurídica aos contraentes.

Recomenda-se que todos os componentes elencados a seguir estejam presentes na elaboração do contrato internacional na forma escrita, para garantir estabilidade na relação contratual entre os pactuantes.

Nada impede, portanto, que tenhamos contratos internacionais sem alguns dos componentes apresentados, porém é de se notar que a segurança jurídica das partes estará sobremaneira diminuída.

A **proposta** constitui-se pela declaração de vontade de uma das partes em que se manifesta o interesse em formalizar determinado contrato.

Ela vincula o proponente, não podendo ele se afastar da relação contratual sem notificar o outro contratante.

O **memorando de entendimentos** serve para a estipulação dos pontos a serem negociados no contrato internacional, incluindo a determinação dos documentos que serão oportunamente apresentados, além da designação dos objetivos da relação jurídica entre as partes.

É importante salientar que, nesse momento, ainda não há um contrato firmado, mas é relevante a participação de advogado.

A **aceitação** da proposta realizada estabelece o vínculo contratual para todas as partes envolvidas.

Geralmente, a partir desse instante, o contrato começa a ser redigido, sendo criadas as cláusulas e os dispositivos que regerão as relações jurídicas entre os pactuantes.

A diligência de apuração, também chamada *due diligence*, é uma espécie de auditoria, em que um contratante analisa a documentação do outro. Salienta-se que a apresentação dos documentos leva em consideração o espicilégio delimitado no memorando de entendimentos.

Por fim, há o(s) parecer(es) do(s) advogado(s), também denominado *legal opinion*, que se configura por uma análise da documentação, em que o(s) causídico(s) faz sugestões ao contrato, apontando eventuais riscos às partes.

Uma vez redigido o contrato, cabe aos pactuantes a **assinatura**, que confere autenticidade ao instrumento.

7.2 Arbitragem comercial internacional

7.2.1 Conceito

A arbitragem comercial internacional é o modo privado e opcional nas relações exteriores de resolução de alfétenas por heterocomposição atinentes aos direitos patrimoniais e desimpedidos, mediante a decisão de um ou mais árbitros que, em geral, têm conhecimentos especiais sobre a atividade conflitante, apresentando um laudo ou uma sentença arbitral.

"Entre os direitos de cunho patrimonial, encontramos as relações jurídicas de direito obrigacional, ou seja, aquelas que encontram sua origem nos contratos, nos atos ilícitos e nas declarações unilaterais de vontade" (SCAVONE JUNIOR, 2008).

Na arbitragem comercial internacional existe a aplicação de mais de um sistema legal e a probabilidade de haver um laudo arbitral estrangeiro, que poderá ser reconhecido em outros Estados mediante a devida homologação.

O instituto autoriza as partes conflitantes a escolherem tanto o(s) árbitro(s) quanto a sede e as leis aplicáveis à arbitragem, o que é muito importante na seara do comércio internacional.

O laudo arbitral possui a mesma força de uma senteça judicial transitada em julgado.

A arbitragem comercial internacional tem por base um "compromisso", que é um documento por meio do qual são concedidos poderes específicos a um julgador ou a um colegiado e estabelecido o local do julgamento, além do procedimento a ser adotado.

Normalmente, em contratos internacionais em que há empresas transnacionais, os pactuantes estabelecem cláusulas determinando a arbitragem como um mecanismo para a solução de controvérsias que possam se originar, escolhendo o foro, a lei aplicável, e, não raro, instituem as normas que orientarão o procedimento.

A designação específica de arbitragem comercial internacional ocorre quando há pactuantes de duas nacionalidades diferentes, ou quando o procedimento acontece em território alienígena ao Estado de origem dos contendores, ou quando se empregam as regras de outro sistema legal.

7.2.2 Diferença em relação à mediação e à conciliação

Na mediação, o mediador, imparcial e neutro, somente contribui para facilitar a solução da desinteligência entre as partes, sem apresentar ou aventar uma decifração, ou mesmo influir no teor do ajuste. Ele compartilha dos encontros com as partes, de forma a coordenar as discussões, auxiliando a comunicação, e, em hipóteses de embaraço, contribui de maneira a ajudar a melhor cognição e reflexão dos assuntos e das propostas, mas jamais impondo aos litigantes uma solução ou qualquer espécie de decisão.

Já na conciliação, o conciliador propõe uma solução, porém nunca pode impor a sua sugestão. Ele promove um delineado ajuste entre os demandantes com a finalidade de colocar termo à sua cizânia, guiando os contendentes na direção de uma adequada confluência de interesses.

7.2.3 A sentença arbitral e a necessidade de homologação pelo Superior Tribunal de Justiça

A Lei nº 9.307, de 23 de setembro de 1996, que trata da arbitragem no Brasil, destaca-se como uma das mais importantes decisões estatais, sendo adotada como método alternativo ao Poder Judiciário para solução de disputas. O legislador brasileiro não estabeleceu regras distintas para a arbitragem nacional e a internacional, somente um processo diferenciado para homologação de laudos arbitrais emitidos fora do território nacional (FINKELSTEIN, 2007).

Inicialmente, cabe esclarecer que o art. 34, parágrafo único, da Lei n° 9.307/1996 estabelece que sentença arbitral estrangeira é aquela que tenha sido proferida fora do território nacional.

No entanto, tal dispositivo não é tecnicamente correto, pois temos a sentença arbitral internacional, que não obstante tenha sido proferida fora do território nacional, não é estrangeira.

Em outras palavras, destaca-se que as expressões "arbitragem internacional" e "arbitragem estrangeira" não são sinônimas.

A arbitragem estrangeira é aquela cuja sentença é proferida em outro Estado e, portanto, pode comportar elementos que a conectem com um único ordenamento jurídico. Arbitragem internacional é aquela em que aparecem elementos que a conectam com mais de um ordenamento jurídico (SALEME; COSTA, 2007).

O art. 35 da Lei n° 9.307/1996, bem como o art. 105, I, *i*, da CF estabelecem que a sentença arbitral estrangeira, para ser executada no Brasil, está sujeita à homologação do Superior Tribunal de Justiça.

Contudo, observa-se que não existe nenhuma menção à sentença arbitral internacional.

Direito Internacional Privado

O Brasil é signatário de dois grandes tratados internacionais sobre o tema em pauta.

O primeiro é a Convenção de Nova Iorque sobre o Reconhecimento e a Execução de Sentenças Arbitrais Estrangeiras (1958), cuja ratificação se expressa pela existência do Decreto Legislativo n° 52, de 24 de abril de 2002.

O segundo é a Convenção Interamericana sobre Arbitragem Comercial do Panamá (1975), cuja ratificação se expressa pela existência do Decreto Legislativo n° 90, de 6 de junho de 1995.

A Convenção de Nova Iorque (1958), no seu art. 3°, estabelece que:

> Cada Estado signatário reconhecerá as sentenças como obrigatórias e as executará em conformidade com as regras de procedimento do território no qual a sentença é invocada, de acordo com as condições estabelecidas nos artigos que se seguem. Para fins de reconhecimento ou de execução das sentenças arbitrais às quais a presente Convenção se aplica, não serão impostas condições substancialmente mais onerosas ou taxas ou cobranças mais altas do que as impostas para o reconhecimento ou a execução de sentenças arbitrais domésticas.

Em face da parte final do artigo ("Para fins de reconhecimento ou de execução das sentenças arbitrais às quais a presente Convenção se aplica, não serão impostas condições substancialmente mais onerosas ou taxas ou cobranças mais altas do que as impostas para o reconhecimento ou a execução de sentenças arbitrais domésticas"), Luiz Antonio Scavone Junior (2008) conclui, para discordar, que "a homologação, que não é exigida para as sentenças nacionais, seria, em tese, uma exigência descabida".

Contudo, é importante lembrar que a parte inicial do artigo estabelece que "cada Estado signatário reconhecerá as sentenças como obrigatórias e as executará em conformidade com as regras de procedimento do território no qual a sentença é invocada".

Desse modo, a homologação prevista na Constituição Federal, no art. 105, I, *i*, também se aplica às sentenças arbitrais estrangeiras, pois não se cuida de ônus extraordinário, mas condição essencial de validade no território nacional.

Consoante está a Convenção do Panamá (1975), ao determinar, no seu art. 4º, que:

> As sentenças ou laudos arbitrais não impugnáveis segundo a lei ou as normas processuais aplicáveis terão força de sentença judicial definitiva. Sua execução ou reconhecimento poderá ser exigido da mesma maneira que a das sentenças proferidas por tribunais ordinários nacionais ou estrangeiros, segundo as leis processuais do *país* onde forem executadas e o que for estabelecido a tal respeito por tratados internacionais.

Desse modo, no que é pertinente à sentença arbitral estrangeira, a homologação para a sua execução em território nacional é pertinente e devida.

Por outro lado, a sentença arbitral internacional não dependerá de homologação pelo Superior Tribunal de Justiça, por absoluta inexistência de adequada previsão legal.

8

Introdução ao direito constitucional internacional

8.1 Tratamento dos temas de direito internacional no direito constitucional brasileiro

A Constituição Federal brasileira não traz em seu bojo apenas normas que deverão ser empregadas pelo Estado no direito interno. Também existem regras elaboradas para serem obedecidas e aplicadas pelo Brasil nas suas relações exteriores.

Trata-se de regras de direito interno que circundam hipóteses e soluções no circuito internacional, tendo por fundamento a Carta de Outubro nos aspectos em que há elementos de estraneidade, pois estrutura relações jurídicas no território de um Estado estrangeiro.

8.2 Soberania

Soberania é a propriedade que determina o poder político superior de um Estado, como asseveração de sua identidade autônoma, ascendência absoluta e governo intrínseco, no interior do território nacional e também em seus vínculos com outros Estados, Organizações Internacionais Intergovernamentais e demais entes do direito internacional.

É importante salientar que a soberania de um Estado não é ilimitada. Ela possui restrições. Porém,

> ainda que o conceito de "soberania" tenha se ampliado em determinados aspectos e se transfigurado em outros a ponto de aparentar uma derrocada, continua sendo um atributo essencial à existência do Estado, possibilitando e legitimando a inserção deste no Sistema Internacional de Nações (FINKELSTEIN, 2007).

Atores extraordinários originam-se, a sociedade internacional se reconstrói e demonstra a necessidade do surgimento de soluções alternativas ao direito. Os Estados desenvolvem-se dinamicamente, mostrando cada vez menos capacidade de satisfazer, com eficácia, as suas demandas básicas como a manutenção da paz, a preservação da segurança pública, a proteção ao meio ambiente, a regulação do mercado interno e a prestação de serviços essenciais, mormente porque não conseguem mais assegurar o domínio sobre as consequências internas das variáveis econômicas geradas nas relações exteriores.

Diante de tal realidade, uma soberania com restrições não apenas se faz presente, como também se transformou num elemento necessário para a existência de relações jurídicas no plano internacional.

8.3 Princípios de relações exteriores

Os princípios básicos de regimento das relações exteriores brasileiras se encontram principalmente no art. 4º da Carta de Outubro. Trata-se de diretrizes que têm por objetivo promover ações de política externa e que serão apontados e analisados detidamente a seguir:

> Art. 4º A República Federativa do Brasil rege-se nas suas relações internacionais pelos seguintes princípios:
>
> I – independência nacional;

Por meio desse dispositivo, o Brasil afirma categoricamente a sua soberania perante os demais Estados e outros sujeitos de direito internacional público.

A soberania aqui deve ser entendida tanto no aspecto interno quanto externo. Sob a análise interna, significa a capacidade de se autoadministrar, de manter a ordem, de estabelecer seu próprio governo. Sob a análise externa significa a capacidade de manifestar sua insubmissão a qualquer poder extrínseco ao Estado.

> II – prevalência dos direitos humanos;

O Brasil manifesta a sua adesão à Declaração Universal dos Direitos Humanos (1948), bem como a sua promoção em território nacional.

Apesar de inúmeras críticas que recebe – nem todas desprovidas de fundamento –, o Brasil é um dos países que mais se preocupa com a aplicação de direitos humanos. É signatário de diversas convenções e pactos que conferem eficácia à Declaração Universal.

> III – autodeterminação dos povos;

A Constituição Federal demonstra o respeito à soberania dos outros Estados e a contribuição do Brasil para a manutenção da possibilidade dos outros povos de determinar o rumo político de seus países.

IV – não intervenção;

O princípio em apreço torna evidente o comprometimento do Estado brasileiro em não interferir em assuntos internos de outras nações.

V – igualdade entre os Estados;

O dispositivo materializa na Constituição Federal o princípio da horizontalidade, que estabelece que todos os Estados são juridicamente iguais nas relações exteriores.

VI – defesa da paz;

A paz mencionada no dispositivo não significa apenas a "ausência de guerra", mas a "inexistência de confrontos armados". É necessário lembrar que se trata de um texto de direito interno, que orienta o Brasil nas relações internacionais.

A paz é uma aspiração a ser alcançada e, apesar de não ser uma absoluta realidade no direito internacional, significa o principal motivo da sua existência.

VII – solução pacífica de conflitos;

A solução pacífica de conflitos é uma tradição no nosso direito constitucional internacional. Esteve presente nas Constituições de 1891, 1934, 1946 e 1967, com a Emenda nº 1 de 1969. Não poderia faltar, portanto, na de 1988.

Há diversos mecanismos para a solução pacífica de conflitos. São eles: mecanismos diplomáticos, como negociação direta, sistema de consultas, bons ofícios, mediação, conciliação, inquérito; mecanismos políticos; mecanismos jurisdicionais, como arbitragem internacional pública; solução judicial; e mecanismos coercitivos, como represálias, retorsão e ruptura das relações diplomáticas.

Introdução ao direito constitucional internacional 103

VIII – repúdio ao terrorismo e ao racismo;

Doutrinariamente, pode-se conceituar o terrorismo como um procedimento sistemático caracterizado pela utilização de violência, física ou psicológica, por pessoas, ou grupos políticos, em oposição à ordem estabelecida mediante uma investida a um governo ou à população que o legitimou, de maneira que os danos psicológicos transpassem imensamente o número de vítimas, com o intuito de atingir um fim determinado.

O Brasil se opõe às condutas dessa natureza, empenhando-se em combatê-las.

Já o racismo se caracteriza pela discriminação, que tecnicamente significa o impedimento do exercício de direitos por uma pessoa em virtude de suas qualidades de raça, cor, etnia, religião ou procedência nacional.

A própria Constituição Federal prescreve, em seu art. 5°, inciso XLII, acerca da inafiançabilidade e da imprescritibilidade da prática do racismo, sujeitando seus agentes à pena de reclusão, nos termos da lei.

A principal norma jurídica que cuida do tema no plano interno é a Lei n° 7.716, de 5 de janeiro de 1989.

É indiscutível, nesse sentido, que a legislação pátria está em consonância com os principais dispositivos internacionais, visto que a Declaração Universal dos Direitos Humanos veda peremptoriamente a discriminação racial no art. 2°, inciso I.

IX – cooperação entre os povos para o progresso da humanidade;

Pelo princípio da cooperação entre os povos para o progresso da humanidade o Brasil impõe uma restrição à sua própria soberania, pois não se pode falar em colaboração externa sem uma limitação a ela.

A tão comentada participação do Brasil no comando de uma força militar na missão de paz da Organização das Nações Unidas no Haiti desde junho de 2004 leva em consideração a sujeição a esse princípio.

X – concessão de asilo político.

Asilo político é o acolhimento ou o amparo concedido a estrangeiros culatreados por razões políticas.

O direito de asilo é um direito do Estado, e não um direito subjetivo do refugiado. Assim, apesar da previsão constitucional, o Brasil pode não o conceder, se considerá-lo inconveniente diante do caso concreto. É uma forma de manifestação da soberania.

Deve-se lembrar, no entanto, que a concessão de asilo político está em consonância com a proteção dos direitos humanos, pois cuida da defesa de uma pessoa em face da tirania e da arbitrariedade de um Estado.

> Parágrafo único. A República Federativa do Brasil buscará a integração econômica, política, social e cultural dos povos da América latina, visando à formação de uma comunidade latino-americana de nações.

O parágrafo único pode ser verificado na realidade fática com o surgimento do Mercado Comum do Sul (Mercosul).

9

Direito internacional e globalização

9.1 Conceito

É um processo de integração por meio do qual se promove uma reciprocidade de relações sociais, econômicas, jurídicas, políticas e culturais nos diversos Estados do globo terrestre, em face do desenvolvimento de uma profícua sociedade da informação que promove uma redução de distâncias espaciais e temporais, com a finalidade de renúncia às providências protecionistas comerciais e consequente ruptura de restrições mercadológicas.

Não se cuida de um conceito aceito universalmente, mas a globalização, também chamada mundialização, compreende muito mais do que apenas o fluxo monetário e de mercadorias entre os Estados, implica também a interdependência entre eles e o adequado intercâmbio de pessoas e coisas, sem prejuízo de uma uniformização de procedimentos nos diversos setores da vida humana.

"O Estado de outrora, totalmente livre e soberano, já não existe mais. O entrelaçamento de relações no plano internacional,

106 Direito Internacional Privado

ao mesmo tempo que promove o crescimento, gera dependência" (ALLEMAR, 2006).

A globalização é um fenômeno capitalista em plena expansão e que se desenvolveu a partir da Revolução Industrial[1], mas que ganhou corpo especialmente após o término da Segunda Grande Guerra Mundial, pois os Estados verificaram a necessidade de reciprocidade de relações como uma forma de pacificação e de estabelecimento de condições favoráveis ao desenvolvimento humano.

Não obstante seja um processo antigo, somente a partir da década de 1990 a globalização se fixou como um fenômeno de extensão global, pois, desde então, a expansão tecnológica mundial mostrou-se irreversível, "trazendo novos hábitos, novos costumes, novas expectativas, novas possibilidades e novos problemas" (BARROS, 2007).

A globalização desencadeou-se em face da existência de premissas mutuamente excludentes de interpretar e aplicar, nos diversos Estados, leis que muitas vezes não se mostram muito claras diante da realidade dos fatos.

9.2 Características

A primeira característica da globalização é configurar-se como um processo de integração entre Estados, o que é demonstrado mediante a assimilação dos atores no cenário jurídico internacional, formando único corpo social.

A reciprocidade de relações sociais, econômicas, jurídicas, políticas e culturais afigura-se pela correspondência mútua

---

[1] A Revolução Industrial caracterizou-se, essencialmente, como um conjunto de modificações tecnológicas com intensa impacção no processo produtivo econômico e social. Iniciada no Reino Unido em meados do século XVIII, expandiu-se pelo globo terrestre a partir do século XIX.

entre os entes de direito internacional, em que dois ou mais desses elementos são percebidos simultaneamente para se complementarem e interagirem, com o objetivo de estabelecer um tratamento tão igualitário quanto possível entre eles.

O desenvolvimento de uma sociedade da informação, também denominada sociedade de conhecimento, desponta como uma nova representação de composição da sociedade internacional, que se estabelece numa forma de evolução em que a informação, como elemento primordial para conceber conhecimento, representa uma atribuição essencial na geração de afluência material e na contribuição para a satisfação e a qualidade de vida das pessoas. A sociedade da informação sugere competitividade que, porém, se reflete diretamente no progresso intrínseco dos indivíduos. A revolução tecnológica nas comunicações e na eletrônica é a sua face mais visível.

> A sociedade da informação é constituída em tecnologias de informação e comunicação que envolve a aquisição, o armazenamento, o processamento e a distribuição da informação por meios eletrônicos, como rádio, televisão, telefone, computadores, entre outros. Essas tecnologias não transformam a sociedade por si só, mas são utilizadas pelas pessoas em seus contextos sociais, econômicos e políticos, criando uma nova estrutura social, que tem reflexos na sociedade local e global (SIQUEIRA JÚNIOR, 2009).

A redução de distâncias espaciais e temporais é uma característica azabumbante da globalização, pois trouxe consigo benefícios nunca antes experimentados pelo ser humano em sua história.

A renúncia a providências protecionistas comerciais é outra característica que se mostra fundamental à globalização.

Para que os Estados possam expandir seus mercados, é necessário que abdiquem suas barreiras de abroquelamento nas relações jurídicas de comércio internacional.

A ruptura de restrições mercadológicas é uma característica dependente e consequente da anterior. O rompimento de limitações ao exercício de atividades comerciais nos mercados consumeristas aparece como um desdobramento das relações de compra, venda e troca entre os sujeitos de direito internacional.

Ademais, são também características da globalização a expansão das empresas para regiões externas aos seus núcleos geopolíticos, a homogeneização dos centros urbanos, a reorganização geopolítica do planeta em blocos comerciais regionais e não mais ideológicos, a hibridização entre culturas populares locais e a existência de uma cultura de massa global.

As empresas, pela necessidade de realização de transações comerciais nos diversos mercados do globo terrestre, não se mantêm apenas em um território, mas infiltram-se nos diversos Estados para facilitar a distribuição de seus produtos e serviços, bem como para o perfeito atendimento das necessidades consumeristas locais. Para isso, buscam uma diminuição nos custos do processo produtivo.

Os centros urbanos se mostram cada vez mais homogêneos, com semelhantes qualidades e defeitos que lhes são peculiares, como a grande quantidade de pessoas domiciliando-se, trabalhando e circulando por locais de intensa atividade comercial e industrial.

Hodiernamente, os Estados vêm se organizando em blocos comerciais regionais por meio da criação de Organizações Internacionais Intergovernamentais de Integração (por exemplo, o Mercosul e a União Europeia), que visam à liberação comercial entre seus membros, mediante redução ou mesmo eliminação de impostos de importação e exportação, barreiras tarifárias, exigências fitossanitárias, bem como demais formas que possam impedir ou dificultar o comércio entre seus integrantes (MALHEIRO, 2008). É relevante ressaltar que os Estados não mais se organizam, como outrora, observando suas idiossincrasias ideológicas.

A hibridização entre as culturas populares locais ocorre pela novíssima formação de um composto de elementos heteróclitos, fruto do cruzamento dos padrões de comportamento, crenças, conhecimentos e também dos costumes dos mais diferentes e variados grupos sociais pertencentes a determinadas localidades.

A existência de uma cultura de massa global é uma realidade incontestável diante do universo de formas culturais selecionadas, interpretadas e popularizadas pela indústria do entretenimento e pelos meios de comunicação para a disseminação a um grupo de pessoas numericamente vasto, disperso, heterogêneo e anônimo.

9.3 Controvérsias na sua configuração para o campo do direito

A gênese do século XXI conduziu, sob seu comando, recentes reptos para o direito e o Estado. A representação do direito baseada em dogmas tradicionais deve, hodiernamente, enfrentar uma sociedade internacional que se modifica continuamente, com novas manifestações de exigências, necessidades e novos componentes.

Sob tal aspecto, com uma conexão intrínseca com o direito desde períodos longínquos, o Estado tem arrostado fontes incógnitas de poder, características do fenômeno da globalização, como conjuntos privados transnacionais, Organizações Internacionais Intergovernamentais e Órgãos Não Governamentais, o que traz o cenário global atual a uma concorrência de circunstâncias em que não se conhece o resultado dessa combinação aparentemente contraditória de acontecimentos.

Muito se discute acerca do significado da globalização para o direito. A propensão para analisar os fatos e as ideias de um ponto de vista racional sob o estabelecimento de regras jurídicas coetâneas expõe um conjunto de traços do direito completamente desconfigurado.

O que é conveniente, transmuta-se, paulatinamente, em lúdico, com uma transcendência verdadeira do mercado internacional. Atrás da centralização oficial de poder, surge uma multiplicidade de centros de decisão que se apresentam sob uma disposição ordenada de elementos fundamentais completamente seccionada.

Da soberania sem limites, evolui-se para a necessidade de negociação entre os Estados. Partiu-se da noção de um direito singelo para o recrudescimento de um conceito hodierno formado por componentes que funcionam entre si em numerosas, intrincadas e complexas relações de interdependência.

O tratamento da soberania, negando-lhe um caráter ilimitado, é a principal questão do conjunto de temas que visam à aplicação hodierna de mecanismos de proteção dos direitos humanos.

A globalização é um evento fenomenológico típico do século XXI. As transformações na ordem mundial se apresentam como consequências de uma série de fatores que se caracterizam por tendências irreversíveis, como a maior comunicabilidade entre os Estados e as relações extrínsecas existentes entre eles.

Com os mercados internos saturados, as pessoas jurídicas de direito interno, tanto público quanto privado, envidaram seus esforços para descobrir novos mercados consumidores, mormente nos Estados que anteriormente adotavam o regime socialista.

A concorrência mostrou-se útil diante da circunstância de duas ou mais coisas produzirem-se ao mesmo tempo, para o desenvolvimento de recursos tecnológicos capazes de diminuir os valores das mercadorias e serviços, ampliando o estabelecimento de contatos comerciais e financeiros de maneira mais célere e eficaz.

Os fragmentos das relações jurídicas evoluem continuamente. Porém cada ramo em velocidade diferente, gerando um cenário para o direito com múltiplas realidades.

> A globalização ou mundialização repercutiu a partir da invasividade no campo normativo antes reservado às autoridades internas dos Estados. Assim, diante da necessidade de intensificação do comércio internacional, os Estados deveriam submeter-se a regras mais semelhantes que guardassem certa proximidade a fim de proporcionar segurança jurídica para os que com eles entabulassem relação comercial (SALEME; COSTA, 2007).

As referências de um mundo globalizado alteraram-se substancialmente. Os Estados procuram traços recíprocos de identidade para a ampliação de suas relações comerciais.

O direito, no entanto, não obedece a critérios rigorosos e segue, eminentemente, fundamentos práticos.

Assim, analisando-se o prisma da relação entre os Estados soberanos, verifica-se a progressão de uma necessidade premente por um eficiente estabelecimento de regras internacionais.

Todavia, as bases dessa necessidade demonstram a existência de um problema fundamental: não somente os Estados, mas todos os organismos nas relações exteriores devem participar dos mecanismos decisórios.

Com isso, ocorre a incrementação das controvérsias entre as normas e os sujeitos de direito internacional, levando ao questionamento sobre a operacionalidade dos referenciais de regulação.

Quanto aos sujeitos, é relevante destacar que cada um atua em razão de seus interesses peculiares, que são definidos em consonância com seus próprios objetivos e nem sempre são demonstrados de forma serena e translúcida. Como consequência, a criação e a delimitação de textos jurídicos, assim como a sua interpretação, nunca são imparciais.

O mercado e os valores que lhe são peculiares estão paulatinamente alterando as medidas variáveis de importância atribuídas aos objetos ou aos serviços necessários aos desígnios humanos, elaborando uma maneira nova de ser e pensar fundamentada no consumo, com uma modificação da realidade dos indivíduos, fazendo surgir um novo axioma jurídico.

Para a análise dessa nova configuração para o campo do direito, é elementar uma visão ampla do processo de globalização, no qual os processos de integração apresentam enorme relevância, com suas variantes teóricas e práticas. Houve uma afetação de conceitos jurídico-políticos que se acreditavam permanentes, como Estado e soberania.

9.4 Tendências contemporâneas do direito internacional privado e do direito internacional público

9.4.1 Direito internacional privado

O direito internacional privado vem se aperfeiçoando continuadamente para combinar a estrutura conflitual tradicional com as contemporâneas orientações que concedem um procedimento de opção da lei aplicável, observando-se o resultado desejado, iluminado pelos inafastáveis valores constitucionais dos direitos humanos.

É também a sua função realizar uma análise completa das normas relacionadas aos conflitos de leis, favorecendo uma visão privilegiada das relações exteriores.

No seu desenvolvimento, cabe ao direito internacional privado a reflexão imediata de uma perspectiva histórica, filosófica, doutrinária, com o funcionamento das normas de conexão, bem como a orientação das fontes e dos princípios que determinam o emprego dessas regras.

Igualmente, não perdem relevo os assuntos relacionados à aplicação, à prova e à interpretação específica do direito alienígena, além da condição da pessoa jurídica.

A nacionalidade e a condição jurídica do estrangeiro são questões intrinsecamente conexas ao direito internacional privado, motivo pelo qual sua cognição torna-se fundamental para a perfeita compreensão do sistema supranacional.

O progresso das relações comerciais, com a contínua e crescente elaboração de contratos na seara das relações exteriores, abre para o direito internacional privado uma próspera perspectiva que trará avanços positivos nas negociações jurídicas privadas.

Ademais, a movimentação de pessoas no globo terrestre exige o estabelecimento de novíssimas regras jurídicas para regular o deslocamento e, quiçá, o domicílio delas nos territórios dos Estados, o que assegura ao direito internacional privado lugar de destaque no profícuo estabelecimento de normas para o incremento das relações entre particulares.

9.4.2 Direito internacional público

O direito internacional público, por outro lado, também oferece uma perspectiva alvissareira.

Com a elaboração de tratados internacionais, intensificada no decorrer do século XX, a relação entre os Estados desenvolveu-se enormemente.

Levando-se em consideração a configuração da guerra como ilícito internacional, verifica-se que os Estados têm buscado a aplicação dos notáveis mecanismos de solução de controvérsias, sejam eles diplomáticos, políticos, jurisdicionais ou até mesmo coercitivos, o que aumentou consideravelmente a relação entre eles.

Se já não bastasse, há uma crescente utilização de instrumentos legais não cogentes ou voluntários, sob a forma de declarações de intenções ou de atos unilaterais de natureza normativa dos Estados.

Destaca-se, no entanto, que a sociedade internacional continua descentralizada e, nesse aspecto, não há sequer probabilidade imediata de qualquer mudança. O direito internacional público caracteriza-se pela ausência de autoridade superior, o que traz como consequência a falta de um sujeito capaz de determinar a obrigatoriedade no cumprimento das normas.

É relevante ressaltar, todavia, que o direito internacional público jamais, na história, foi tão promovido e requerido como neste instante. O desenvolvimento de um Tribunal Penal Internacional, pelo Estatuto de Roma (1998), garante a plena defesa de direitos difusos e coletivos em face dos crimes contra a humanidade nas relações exteriores, o que garante um destacado respeito aos direitos humanos.

Referências

ALLEMAR, Aguinaldo. *Direito internacional*. 2. ed. Curitiba: Juruá, 2006.

AMARAL, Renata Campetti. *Direito internacional público e privado*. Porto Alegre: Verbo Jurídico, 2006.

BARROS, Marco Antonio de. *Lavagem de capitais e obrigações civis correlatas*: com comentários, artigo por artigo, à Lei 9.613/98. São Paulo: Revista dos Tribunais, 2007.

BASSO, Maristela. *Curso de direito internacional privado*. São Paulo: Atlas, 2009.

BETIOLI, Antonio Bento. *Introdução ao direito*: lições de propedêutica jurídica tridimensional. 9. ed. atual. São Paulo: Letras e Letras, 2004.

BREGALDA, Gustavo. *Direito internacional público e direito internacional privado*. São Paulo: Atlas, 2007.

CANÇADO TRINDADE, Antônio Augusto. *Direito das organizações internacionais*. 3. ed. Belo Horizonte: Del Rey, 2003.

CASTRO, Amilcar de. Fundação 18 de Março. *Direito internacional privado*. 6. ed. Rio de Janeiro: Forense, 2005.

CHIMENTI, Ricardo Cunha. *Apontamentos de direito constitucional*. 4. ed. São Paulo: Damásio de Jesus, 2005.

COELHO, Luiz Fernando. *Aulas de introdução ao estudo do direito*. Barueri: Manole, 2004.

D'ANGELIS, Wagner Rocha. *Direito internacional do século XXI*: integração, justiça e paz. 3. tir. Curitiba: Juruá, 2006.

DEL'OLMO, Florisbal de Souza. *Direito internacional privado*. 4. ed. Rio de Janeiro: Forense, 2004.

DIMOULIS, Dimitri. *Manual de introdução ao estudo do direito*. São Paulo: Revista dos Tribunais, 2003.

DINIZ, Maria Helena. *Compêndio de introdução à ciência do direito*. (À luz da Lei 10.406/2002). 17. ed. São Paulo: Saraiva, 2005.

DINIZ, Maria Helena. *Lei de introdução ao Código Civil brasileiro interpretada*. 12. ed. São Paulo: Saraiva, 2007.

DOLINGER, Jacob. *Direito internacional privado*: parte geral. 8. ed. Rio de Janeiro-São Paulo: Renovar, 2005.

DOLINGER, Jacob. *Direito internacional privado*: contratos e obrigações no direito internacional privado. Rio de Janeiro/São Paulo: Renovar, 2007.

FERRAZ JÚNIOR, Tercio Sampaio. *A ciência do direito*. 2. ed. São Paulo: Atlas, 1980.

FERRAZ JÚNIOR, Tercio Sampaio. *Introdução ao estudo do direito*: técnica, decisão, dominação. 4. ed. São Paulo: Atlas, 2003.

FINKELSTEIN, Cláudio. *Direito internacional*. São Paulo: Atlas, 2007.

GUSMÃO, Paulo Dourado de. *Introdução ao estudo do direito*. 34. ed. Rio de Janeiro: Forense, 2004.

HUSEK, Carlos Roberto. *Curso de direito internacional público*. 12. ed. São Paulo: LTr, 2014.

JO, Hee Moon. *Introdução ao direito internacional*. 2. ed. São Paulo: LTr, 2004.

JO, Hee Moon. *Moderno direito internacional privado*. São Paulo: LTr, 2001.

LAFER, Celso. *A internacionalização dos direitos humanos*. Barueri: Manole, 2005.

LITRENTO, Oliveiros. *Curso de direito internacional público*. 5. ed. Rio de Janeiro: Forense, 2003.

MALHEIRO, Emerson Penha. *Manual de direito internacional público*. São Paulo: Revista dos Tribunais, 2008.

MAZZUOLI, Valerio de Oliveira. *Curso de direito internacional público*. São Paulo: Revista dos Tribunais, 2006.

MAZZUOLI, Valerio de Oliveira. *Tribunal penal internacional e o direito brasileiro*. São Paulo: Premier Máxima, 2005.

MELLO, Celso Renato Duvivier de Albuquerque. *Curso de direito internacional público*. 15. ed. Rio de Janeiro/São Paulo: Renovar, 2004, v. I.

MELLO, Celso Renato Duvivier de Albuquerque. *Curso de direito internacional público*. 15. ed. Rio de Janeiro/São Paulo: Renovar, 2004, v. II.

MELO, Luís Gonzaga de. *Introdução ao estudo do direito internacional privado*. 2. ed. São Paulo: WVC, 2001.

NADER, Paulo. *Introdução ao estudo do direito*. 22. ed. Rio de Janeiro: Forense, 2002.

PIOVESAN. Flávia. *Direitos humanos e o direito constitucional internacional*. 13. ed. São Paulo: Saraiva, 2012.

RECHSTEINER, Beat Walter. *Direito internacional privado*. 12. ed. São Paulo: Saraiva, 2009.

REZEK, José Francisco. *Direito internacional público*: curso elementar. 11 ed. São Paulo: Saraiva, 2008.

RIZZATTO NUNES, Luiz Antonio. *Manual de introdução ao estudo do direito.* 9. ed. São Paulo: Saraiva, 2009.

SALEME, Edson Ricardo; COSTA, José Augusto Fontoura. *Direito internacional público e privado.* São Paulo: Saraiva, 2007.

SCAVONE JUNIOR, Luiz Antonio. *Manual de arbitragem.* São Paulo: Revista dos Tribunais, 2008.

SILVA, De Plácido e. *Vocabulário jurídico.* 14. ed. Rio de Janeiro: Forense, 1998.

SILVA, José Afonso da. *Curso de direito constitucional positivo.* 27. ed. rev. e atual. São Paulo: Malheiros, 2006.

SIQUEIRA JÚNIOR, Paulo Hamilton. *Direito processual constitucional.* São Paulo: Saraiva, 2006.

SIQUEIRA JÚNIOR, Paulo Hamilton. *Teoria do direito.* São Paulo: Saraiva, 2009.

STRENGER, Irineu. *Direito internacional privado*: parte geral, direito civil internacional, direito comercial internacional. 6. ed. São Paulo: LTr, 2005.

STRENGER, Irineu. *Direito do comércio internacional e lex mercatoria.* São Paulo: LTr, 1996.

TIBURCIO, Carmen; BARROSO, Luís Roberto (orgs.). *O direito internacional contemporâneo*: estudos em homenagem ao professor Jacob Dolinger. Rio de Janeiro/São Paulo: Renovar, 2006.

VARELLA, Marcelo D. *Direito internacional público.* São Paulo: Saraiva, 2009.

VENOSA, Sílvio de Salvo. *Introdução ao estudo do direito*: primeiras linhas. São Paulo: Atlas, 2004.